Revisiting CSR

社会的責任とCSRは違う!

Corporate Social Responsibility

OKAMOTO Daisuke
岡本大輔

千倉書房

はじめに

２００３年は日本のＣＳＲ元年と言われています。ＣＳＲの認知度は大きく向上し、それを知らない経営者・ビジネスマンはいなくなったことでしょう。大学の授業でもＣＳＲを取り上げる機会が格段に増えたので、学生の皆さんもきっと知っているキーワードでしょう。でも、ＣＳＲとは何でしょうか？

ＣＳＲはCorporate Social Responsibilityの頭文字ですから、企業の社会的責任だ、と言えば確かに正解です。でも、企業は自らの社会的責任を考えた時、どのように行動すれば良いのでしょうか？　どのように責任を果たせば良いのでしょうか？　それは企業にとってプラスなのでしょうか？　そもそも企業の社会的責任の責任とＣＳＲの責任は同じなのでしょうか？

これらの問いに答えることは簡単ではありません。経営者の方に伺っても、現場のビジネスマンに伺っても、そして学者仲間に聞いても、いろいろな答えが返ってきます。社会的責任、ＣＳＲ、戦略的ＣＳＲ、ＣＳＶ、そして「三方よし」など、類似概念がたくさんあって、非常に難しいことになっています。それぞれの言葉が生み出された時代背景、タイミング、意義、捉え方がバラバラで、しかも確固たる定義があるわけではないものも多いのです。

本書ではこれらを一つ一つ取り上げ、時代背景と意義を確認し、さらにお互いの関係を考え、企業が社会と向き合う際、どのような関係を築いていくべきかを考えるヒントを提供してみたいと思っています。そこで企業の社会的責任とＣＳＲをもう一度考え直してみよう、それを歴史的に、理論的に、実証的に検証してみよう、という目的をもっています。この問題意識を一言で示すため、『社会的責任とＣＳＲは違う！』というタイトルを付けました。スペースの関係で省略されていますが、もちろん、この社会的責任は企業の社会的責任を意味しています。皆さん、もう一度、社会的責任とＣＳＲを考え直してみましょう！

社会的責任とＣＳＲは違う！

目次

社会的責任とCSRは違う！
[目次]

Chapter 2 社会性に関する3回のうねり …… 23

Chapter 3

現代企業にとっての社会性 …… 31

Chapter 4

CSVとは何か …… 53

Chapter 5 「三方よし」とCSV・CSR …… 81

Chapter 6

統合報告書の役割 …… 97

Chapter 7 企業のための社会性……121

Chapter 1
良い企業と社会性

良い企業とは何かという問題に答えようとすると、とても一言では言い表せません。〝誰にとって〟良いの？　という質問が必ず先に来るからです。確かに、お金を投資した株主にとって良い企業と就職を決めた学生にとっての良い企業は異なるものでしょう。筆者の専門とする企業評価論では〝誰にとって〟という主体の問題を詳細に分析していくのですが、本書ではとりあえず、世の中全体にとって一般的な良い企業というものを考えてみましょう。

■儲かっている企業

一般的といっても、ここでもまたいろいろな意見が想定できますね。とりあえず浮かんでくるのが「儲かっていて伸びている企業」という昔から言われている良い企業の条件があります。企業の目的は儲けることだ、と単純に言い放ってしまう人も多いでしょう。利益を稼ぐこと、利潤を得ることは確かに企業の大きな目的の一つであり、その目的が達成されている企業、すなわち儲かっている企業が良い企業である、と考えることにも一理あります。

そもそも利益を稼げない企業は倒産してしまいます。倒産すればもちろん株主は損失を蒙《こうむ》ります。その企業で働く従業員にとっても生活の糧を得る手段がなくなり、大変な迷惑を蒙ることになるでしょう。それだけではなく、従業員の家族も大変です。消費者にとっても、その企業の製品を気に入って使ってきたユーザーであれば今後の製品選択に迷うでしょうし、現在使っている製品の修理その他の補償を受けられなくなるのも困ります。その企業と取引をする他企業にとっても連鎖倒産の危険性が迫ってきます。そうなれば連鎖倒産した企業の株主、従業員、家族、消費者など、悪影響の連鎖は果てしなく続くでしょう。お金を儲けることは良くないこと、恥ずかしいこと、などという意見もありますが、企業にとって儲けることは間違いなく必要なことであり、「儲かっている」のは良い企業なのです※1。

■伸びている企業

もう一つの「伸びている」はどうでしょうか。例えば、我が社が売上高1000億の業界トップ企業で、売上高500億の第2位企業に倍の差をつけていたとしましょう。翌年、依然として1000億を維持し、前年同様の利益を上げていたとしても、ライバル社が800億に伸ばしてきたとき、我が社は依然として業界第1位、と安穏としていられるでしょうか。周りが成長しているとき、以前と同じくらい儲かっているだけではダメなのです。「伸びている」ことは良い企業に必要な条件です。戦後70余年という長い目で見れば、日本社会は基本的に成長社会でした。成長社会においては皆が伸びていくので、自分自身も伸びることが不可欠なのです。

第3の条件の必要性

「儲かって伸びている」企業が良い企業であることに特に異論はないかと思いますが、筆者は現代企業にとって、特に大企業にとって、この条件では足りないのではないか、と考え、第3の条件として「社会に対して良い影響を与えている」を加えるべき、と長年主張してきました。自社が儲かって伸びていることは、それはそれで良いのですが、現代企業の社会的影響力の大きさを考えると、もはや、自分だけが儲かって伸びていれば良い、という時代ではなくなってきたのです。

■トヨタ自動車の売上高はチリ一国のGDPに匹敵

現代企業の経済的・社会的影響力を見るため、表1を見て下さい。これは企業の売上高データと、国のGDPデータを統合して大きい順に並べたものです。細かいことを言えば、売上高とGDPは異なる概念なので、それを比較しても意味がない、というお叱りを受けることもありますが、ざっくりと企業と国の経済力の大きさとその社会的影響力を示しているものと考えて下さい。これは筆者の発案ではなく、昔、UNESCOが作っていたのを見て、わかりやすいと思って慶應の授業で学生に企業の影響力を示すため、毎年最新版を作っているものです。

当然、一企業より一国の経済のほうが大きいので上位にはアメリカ・中国・日本……と国が並んでいます。しかし22位にはスウェーデンがきて、23位にはウォルマートとなり、24位はポーランドです。つまりウォルマートという世界一の小売業の経済力はスウェーデン、ポーランドという一国のそれと同等ということになり、当然、大きな社会的影響力も持っています。日本企業を見てみれば、46位にトヨタ自動車、47位がチリです。トヨタ自動車の経済的・社会的影響力はチリ一国のそれに匹敵するのです。

このランキングを見ていくと、トップ100に57の国・地域と43の企業がランクインし

表1　世界の国・地域のGDPと大企業の売上高（2016年）

順位	国・地域／企業	GDP／売上高（億ドル）
1	アメリカ	185,691
2	中国	111,991
3	日本	49,394
4	ドイツ	34,668
5	イギリス	26,189
6	フランス	24,655
7	インド	22,635
8	イタリア	18,500
9	ブラジル	17,962
10	カナダ	15,298
11	韓国	14,112
12	ロシア	12,832
13	スペイン	12,321
14	オーストラリア	12,046
15	メキシコ	10,460
16	インドネシア	9,323
17	トルコ	8,577
18	オランダ	7,708
19	スイス	6,598
20	サウジアラビア	6,464
21	アルゼンチン	5,459
22	スウェーデン	5,110
23	ウォルマート（米）	4,859
24	ポーランド	4,695
25	ベルギー	4,664
26	タイ	4,068
27	ナイジェリア	4,051
28	イラン	3,934
29	オーストリア	3,864
30	ノルウェー	3,706
31	アラブ首長国連邦	3,487
32	エジプト	3,363
33	香港	3,209
34	イスラエル	3,187

順位	国・地域／企業	GDP／売上高（億ドル）
35	国家電網公司（中）	3,152
36	デンマーク	3,061
37	フィリピン	3,049
38	シンガポール	2,970
39	マレーシア	2,964
40	南アフリカ	2,948
41	アイルランド	2,941
42	パキスタン	2,837
43	コロンビア	2,825
44	中国石油化工集団公司（中）	2,675
45	中国石油天然汽集団公司（中）	2,626
46	トヨタ自動車（日）	2,547
47	チリ	2,470
48	フォルクスワーゲン（独）	2,403
49	ロイヤル・ダッチ・シェル（英蘭）	2,400
50	フィンランド	2,368
51	バークシャー・ハサウェイ（米）	2,236
52	バングラデシュ	2,214
53	アップル（米）	2,156
54	エクソン・モービル（米）	2,050
55	ポルトガル	2,046
56	ベトナム	2,026
57	マケッソン（米）	1,985
58	ギリシア	1,946
59	チェコ	1,929
60	ペルー	1,921
61	ルーマニア	1,867
62	BP（英）	1,866
63	ニュージーランド	1,850
64	ユナイテッドヘルス・グループ（米）	1,848
65	CVSヘルス（米）	1,775
66	サムソン（韓）	1,740
67	グレンコア（スイス）	1,739
68	イラク	1,715
69	ダイムラー（独）	1,695
70	GM（米）	1,664

順位	国・地域／企業	GDP／売上高(億ドル)
71	AT & T(米)	1,638
72	アルジェリア	1,561
73	Exorグループ(伊)	1,549
74	カタール	1,525
75	フォード(米)	1,518
76	中国工商銀行(中)	1,477
77	アメリソースバーゲン(米)	1,468
78	中国建築(中)	1,445
79	アクサ(仏)	1,437
80	アマゾン(米)	1,360
81	鴻海精密工業(台湾)	1,351
82	中国建設銀行(中)	1,351
83	カザフスタン	1,337
84	本田技研工業(日)	1,292
85	トタル(仏)	1,279
86	GE(米)	1,267
87	ベライゾン(米)	1,260
88	ハンガリー	1,243
89	日本郵政(日)	1,230
90	アリアンツ(独)	1,222
91	カーディナル・ヘルス(米)	1,215
92	コストコ(米)	1,187
93	ウォルグリーン・ブーツ・アライアンス(米)	1,174
94	中国農業銀行(中)	1,173
95	中国平安保険(中)	1,166
96	クローガー(米)	1,153
97	クウェート	1,140
98	上海汽车集团股份有限公司(中)	1,139
99	中国銀行(中)	1,137
100	BNPパリバ(仏)	1,090
101	日産自動車(日)	1,082
102	シェブロン(米)	1,076
103	ファニーマエ(米)	1,072
104	中国移動通信集団公司(中)	1,071
105	JPモルガン・チェース(米)	1,055
106	リーガル・アンド・ゼネラル・グループ	1,052

順位	国・地域／企業	GDP／売上高（億ドル）
107	NTT（日）	1,051
108	中国人寿保険（中）	1,048
109	BMW（独）	1,041
110	モロッコ	1,014
111	エクスプレス・スクリプト（米）	1,003
112	TRAFIGURA（シンガポール）	981
113	エクアドル	978
114	中国中鉄（中）	970
115	プルデンシャルplc（英）	970
116	スーダン	956
117	ゼネラリ保険（伊）	952
118	中国铁建股份有限公司（中）	949
119	ホーム・デポ（米）	946
120	ボーイング（米）	946
121	ウェルズ・ファーゴ（米）	942
122	バンクオブアメリカ（米）	937
123	ウクライナ	933
124	ガスプロム（露）	914
125	ネスレ（スイス）	908
126	アルファベット（米）	903
127	アンゴラ	896
128	スロヴァキア	896
129	シーメンス（独）	884
130	キューバ	871
131	カルフール（仏）	871
132	東風汽車集団（中）	862
133	マイクロソフト（米）	853
134	アンセム（米）	849
135	日立（日）	846
136	ソフトバンク（日）	829
137	バンコ・サンタンデール（西）	828
138	シティグループ（米）	824
139	ペトロブラス（ブラジル）	814
140	スリランカ	813
141	ロバート・ボッシュ（独）	809
142	ドイツテレコム（独）	808

順位	国・地域／企業	GDP／売上高(億ドル)
143	現代自動車(韓)	807
144	コムキャスト(米)	804
145	クレディ・アグリコル(仏)	803
146	IBM(米)	799
147	フランス電力(仏)	787
148	ファーウェイ(中)	785
149	エネル(伊)	781
150	ステートファーム(米)	761
151	華潤集団(中)	758
152	イオン(日)	758
153	HSBCホールディングス(英)	753
154	太平洋建設(中)	746
155	アビバ(英)	746
156	ウニパー(独)	744
157	テスコ(英)	744
158	エンジー(仏)	737
159	エアバス・グループ(蘭)	736
160	SKグループ(韓)	726
161	フィリップス(米)	724
162	エチオピア	724
163	ジョンソン・エンド・ジョンソン(米)	719
164	P & G(米)	717
165	ドミニカ	716
166	アメリカ合衆国郵便公社(米)	715
167	中国南方電網(中)	712
168	中国南方工業集団(中)	712
169	ルクオイル(露)	709
170	中国交通建設(中)	708
171	ケニア	705
172	BPCE(仏)	705
173	ソニー(日)	702
174	バレロ・エナジー(米)	702
175	ターゲット(米)	695
176	ソシエテ・ジェネラル(仏)	693
177	グアテマラ	688
178	ミュンヘン再保険グループ(独)	687

順位	国・地域／企業	GDP／売上高（億ドル）
179	パナソニック（日）	678
180	ミャンマー	674
181	日本生命（日）	674
182	チューリッヒ保険（スイス）	672
183	ウズベキスタン	672
184	イタウ・ウニバンコ（ブ）	669
185	中国人民保険集団（中）	667
186	オマーン	663
187	中國海洋石油總公司（中）	659
188	丸紅（日）	658
189	ドイツポストDHL（独）	658
190	フレディ・マック（米）	657
191	中国郵政（中）	656
192	中国五鉱集団公司（中）	655
193	ロイズバンキンググループ（英）	652
194	ロウズ（米）	650
195	メトロ（独）	649
196	デル・テクノロジーズ（米）	648
197	第一汽車（中）	648
198	BASF（独）	636
199	JXTGホールディングス（日）	636
200	メットライフ（米）	635

出所：世界銀行［World Development Indicators, The World Bank, 1 July 2017］および FORTUNE Global500［August 1, 2017］より筆者作成。

ます。世界の多くの超大企業が一国に匹敵する経済的・社会的影響力を持っています。トップ２００まで見ると、72の国・地域と１２８の企業が入ります。このランキングの元データの一つである世界銀行のＧＤＰランキングには２００以上の国・地域が掲載されているので、一企業の売上高より小さなＧＤＰしかない国・地域は実にたくさんあることがわかります。

■企業抜きでは語れない私たちの日常生活

もっと身近なことを考えてみれば、私たちの生活は企業を抜きにして考えることはできません。毎朝、(企業の作った) 目覚まし時計やスマホで目を覚まし、(企業の作った) 衣服を身に着け、(企業の作った) 物を食べ、(企業の作った) 交通機関で通勤し、(企業の作った) ビルに入り、(企業の作った) 机やPCで仕事をする……。無人島に住むロビンソン・クルーソーでもない限り、企業抜きの生活はありえず、企業の社会的影響力の大きさは計り知れないのです。こう考えると、良い企業の第3の条件「社会に対して良い影響を与えている」も不可欠と言えましょう。

■良い企業の条件は、収益性・成長性・社会性

儲かって伸びて社会に良い、というのをもう少し硬い言葉にすれば、高収益性、高成長性、高社会性となります。すなわち良い企業の条件は収益性・成長性・社会性の高さとまとめられます。

■社会性って何？

では、社会性って、何でしょうか。すでに「社会に対して良い影響を与えている」という言い方をしてきましたが、もう少し細かく見ていきましょう。

まず、社会性を「企業の様々なステークホルダーに対する自らの収益性・成長性以外のコミットメント」と定義しておきます。※2 具体的には従業員の雇用・生活向上、コーポレート・ガバナンス、企業倫理、地域貢献、消費者・社会貢献、地球環境保護といった幅広い領域をカバーします。これらは実は世に言うＣＳＲに他なりません。

■ＣＳＲと社会的責任

ＣＳＲはCorporate Social Responsibilityの頭文字で、21世紀に入ってから急速に注目されてきた言葉です。そのまま訳せば企業の社会的責任ですが、社会的責任は決して新しい言葉ではなく、日本でも１９６０～70年代の高度成長期のころから注目されてきました。それ以降、時代によっていろいろなニュアンスで使われてきましたが、当初の社会的責任に比べてＣＳＲは格段に広い内容を持ち、新しい意味を持つ言葉として捉えることができます。詳しくは第3章で改めて検討しますが、ここでは〝当初の限定的な意味を持つ社会的責任〟を**狭義の社会的責任**と名付けます。

私たちの日常会話においてはCSR＝社会的責任と考えておられる方も多いと思います。確かに広い意味においてはCSRも社会的責任も同じ意味で会話が成立します。そこで本書では**広義の社会的責任＝広義のCSR**としておきます。もっと狭い意味で捉えるのが**狭義の社会的責任**ということになりますが、その違いを確認するため、責任を遂行する対象となる各ステークホルダー別に両者を比較してみましょう。

■狭義の社会的責任と広義のCSRの違い

図1に**狭義の社会的責任**と**広義のCSR**（**広義の社会的責任**）※3の違いをまとめてみました。古くから使われてきた社会的責任という言葉はここでいう**狭義の社会的責任**であり、従業員、地域社会がメインのターゲットでした。株主、消費者・社会一般

図1　狭義の社会的責任と広義のCSR（広義の社会的責任）

ステークホルダー	狭義の社会的責任	広義のCSR
従業員	雇用の維持	(+)生活向上
株主・取引先	（安定的な配当金の支払い、取引）	(+)ガバナンス情報の開示
地域社会	公害問題対処、納税	(+)地域貢献
消費者・社会一般	（良いものを安く供給）	(+)生活の長期的改善、社会貢献・文化支援
地球環境	（該当せず）	(+)環境保護、環境経営、サステナビリティ

（　）は言わば、経済的責任　　(+) は"狭義の社会的責任に加えて"を表す

出所：筆者作成。

に対しては社会的責任というよりも経済的責任の範疇に入る責任がメインであったと言えます。また地球環境というステークホルダーは存在しませんでした。それが**広義のCSR**においては、すでにご説明したように企業の社会的影響力が格段に大きくなってきており、すべてのステークホルダーとの関係を考慮した企業行動が要求されるようになってきたので、[※4]ターゲットが広くなっています。企業には顧客・ユーザー、従業員への積極的な対応姿勢を持ちながら、株主、地域社会などのステークホルダーに配慮した企業経営が求められているのです。[※5]以下、それぞれのステークホルダーを取り上げ、**狭義の社会的責任**と**広義のCSR**の関係を考えてみましょう。

■従業員

企業に最も近いステークホルダーとしての従業員を考えると、**狭義の社会的責任**は雇用を維持し、安定的な給与の支払いを保証することでした。しかし現代の企業に求められていることはそれだけではなく、生活の豊かさ、ゆとりまでも含めた従業員の生活向上です。日本はずっと世界一の債権国であり、[※6]豊かな国と言われています。しかし企業のみが豊かになって、少しも豊かにならない国民の生活を考えれば、従業員に生活の豊かさを提供できないような企業は認められない時代と言えましょう。直接的なステークホルダーである従業員に対する**広義のCSR**は企業の社会性の一要因として、現代企業にとって軽視できない最重要課題と考えなければなりません。

■株主・取引先

次に株主・取引先に対する責任として**狭義の社会的責任**では安定的な配当金の支払い、安定的な取引ということが考えられます。しかしこれらは社会的責任というよりもむしろ経済的な責任と言えます。加えて現在では、いかなる形で経営が行なわれているか、というガバナンス情報の開示も世の中からの大きな要請となっています。そしてガバナンスの問題は、株主のみに対する問題というよりも、行き過ぎた「株主資本主義」、「米国型経営」、「グローバルスタンダード」に対する警鐘として、各ステークホルダーとの関係として捉えなおされ、広くステークホルダー問題を扱うCSRの重要項目となってきています。[※7]

■地域社会

ステークホルダー対象を広げ、地域社会を考えてみましょう。汚水、排煙、騒音などの公害問題に対処し、税金を納入するというのが1960〜70年代の高度成長期に言われた典型的な**狭義の社会的責任**です。それに加えて**広義のCSR**ではもう一歩進んで、積極的に企業の施設を開放したり地域の雇用・地場産業の維持に努めるなどの地域社会への貢献も含まれてきます。バブル経済の頃、企業の社会貢献を意味するフィランソロピーという言葉がブームになり、その際に盛んに論じられたのは、それらの貢献は名前を出さず慎み深く行なうべきであり、陰徳の美を大切にすべきである、という議論でした。しかしそのような行動は自分に余裕があるときにしか行なわれず、決して長続きはしません。また陰徳という言葉は、実はもともと〝陰徳陽報〟で一つの熟語です。人知れず善行を積めば、必ず良い報いとなって現れてくるという意味で、陰徳あれば陽報ありと読みます。[※8] 企業は慈善団体ではないので、社会貢献も陰でこそこそやらず、戦略的に堂々とやるべきだと考えます。そのような意味で地域社会に対する貢献も重要な企業の社会性要因と言えるのです。

■消費者・社会一般

さらにステークホルダー対象を消費者・社会一般にまで広げましょう。良いものを安く供給するという経済的責任に加え、地域貢献同様、フィランソロピー・ブームに論じられた社会貢献や消費者の長期的な社会生活の向上などが**広義のCSR**の範疇に入ってきます。近年、企業メセナ（企業の文化支援活動）という言葉はさっぱり聞かれなくなってしまいましたが、マスコミが取り上げなくなっただけで、実際の活動状況は決してなくなってしまった訳ではありません。[※9] また消費者に対してはニーズに合う良いものを安く供給するという企業としての基本姿勢だけでなく、消費者生活の長期的な改善までもが求められるようになってきています。これは、売れるものは何でも売ってよい、という姿勢ではなく、たとえ売れても倫理に反するようなものは売ってはいけない、という姿勢です。[※10]

■地球環境

最も広い意味でのステークホルダー対象としての地球環境を考えてみましょう。**狭義の社会的責任**の時代には一企業の影響としてはそれほど大きなものはなく、企業とは関係のない項目でした。公害問題などは限定的な地域社会に対する悪影響であり、地球全体の温暖化、オゾン層の破壊といったグローバルな影響は企業の責任とは考えられていなかったのです。ところが現代企業の影響力の大きさは地球規模です。社会全体に対するプラスのパフォーマンスという意味で、地球環境に対する責任も今や重要なCSR項目になってきているのです。ここで登場するキーワードとしてはサステナビリティ、環境経営などがあります（コラム1）。

以上見てきたように、現在の日本企業にとって**広義のCSRは狭義の社会的責任**に比べて対象となるステークホルダーも、その内容も、はるかに広い領域をカバーし、はるかに重要な責任と考えられます。良い企業としての資格には、高成長性・高収益性もさることながら、高社会性が求められる時代なのです。

Column 1

サステナビリティと環境経営

サステナビリティは持続可能性と訳されますが、もともとは国連の環境と開発に関する世界委員会（通称ブルントラント委員会）の報告書で示された「持続可能な開発」という概念で、〝将来世代のニーズを満たす能力を損なうことなく、現代世代のニーズを満たすこと〟と定義されています[★1]。現代企業の影響力は膨大ですが、地球的な時間から考えると非常に短い存在と言えます。興味深い例え話に次のようなものがあります。

「50億年の地球の歴史を1年に例えると、人類が地球上に姿を現わしたのが12月31日午後のこと。産業革命以後人類が機械を駆使し、経済発展を進め始めたのは12

月31日午後11時59分58秒くらいのことであり、長い地球の歴史から見ればほんの一瞬にすぎない。」

このように短い存在である企業が後世の生活環境を破壊してしまうようなことは許されません。東日本大震災以来、節電意識は高まっていますが、エネルギーを全く使わない生活は想像できないでしょう。電気・ガス・水道、さらには自動車・エアコン・インターネットなど快適な現代生活をすべて放棄する、という極論に賛成する方はいないでしょう。このギャップをどのように埋めていくかが、現代企業に問われているのです。そこで登場するのが環境経営です。

現代は環境経営の時代とも言われています。つい十数年前まで負のコストとして考えられていた環境対策ですが、今やそれをどのように競争優位の戦略として取り込むか、活用するか、が企業の命運を分ける時代になりつつあります。ほぼ普通名詞のように使われだしたゼロエミッション（ゴミ・ゼロ、廃棄物ゼロ）という言葉を提唱したパウリは、自らのエコロジカル工場設立の経験と世界の先端的な環境対策企業の状況から、労働生産性のダウンサイジングに対して資源生産性のアップサイジングを唱えています。

「労働の生産性はいかにして少ない人数で生産高を上げるかを考えており、株主のための富の創造は、雇用の削減と同義になってしまう。その代わり、資源生産性を考え、資源を有効利用し、究極的にゼロエミッションを達成すれば、資源の増加を期待するまでもなく、満たせる原材料の需要は20倍に増える。それは巨大な雇用を創出し、産業の生産性を高め、莫大な廃棄物の流れを絶つことになる。ゼロエミッションは資本、労働力、そして原材料に関して規模を増大させるアップサイジングにつながる。」［★2］

日本でもゼロエミッションを達成している企業が増加しており、最近ではその達成がさほど大きなニュースにならなくなっているくらいです。多くの企業にとって当初は企業イメージ低下を回避するためのリスク対策でしたが、同時に収益にも貢献することがわかり注目されてきました。さらに積極的なリサイクルシステムを構築し、将来の循環型経済に備える企業も出てきています。環境保護はもはや単なるコストではなく、競争力・イノベーションを生み出す原動力にまでなってきているのです。

★1　第4章「コラム4　持続可能な開発目標 SDGs」参照。
★2　パウリ［2000］16〜34ページ。

［註］

※1　この辺の議論に関しては、岡本大輔ほか［2012］をご参照いただきたい。

※2　ステークホルダー（stakeholder）は企業の利害関係者を、また、コミットメント（commitment）は関わり合いを意味する。詳しくは岡本大輔ほか［2012］24～32ページ、および46～53ページ。

※3　広義のCSR（広義の社会的責任）は前述のように広義のCSR＝広義の社会的責任を意味するが、煩雑なので、以下、（広義の社会的責任）は省略。

※4　十川廣国［2005］188～190ページ。

※5　十川廣国［2000］191ページ。

※6　26年連続世界一。朝日新聞デジタル（2017年5月26日）http://www.asahi.com/articles/ASK5V2TVLK5VULFA001.html（2017年11月27日確認）。

※7　詳しくは岡本大輔ほか［2012］51～52ページ。

※8　「第5章『三方よし』とCSV・CSR」参照。

※9　例えば佐久間信夫・田中信弘編［2011］に多くのサーベイがある。

※10　岡本大輔ほか［2012］52ページ。

Chapter 2
社会性に関する3回のうねり

社会的責任とＣＳＲの区別はなかなか難しく、人によっていろいろな理解がある、という現状に対して、本書では、企業の社会性を**狭義の社会的責任**と**広義のＣＳＲ**に分けて考えてきました。しかし**狭義の社会的責任**はかなり古い概念で、一方、ＣＳＲは21世紀に入ってから急速に注目されてきました。これらの関係をより正しく理解するには歴史を振り返っておくのが一番でしょう。

筆者は日本において、企業の社会性に関して３回の大きなうねりがあったと理解しています（図２）。最初は企業の社会的責任という言葉が大きくクローズアップされた高度成長期の１９６０〜70年代、２回目はメセナ・フィランソロピーと盛んに言われたバブルの１９８０年代後半から90年代初頭、そして３回目がＣＳＲブームとなる21世紀初頭です。この３回の大きなうねりには大きな共通点と相違点があり、それが人々の理解を様々なものにしています。

■社会的責任が登場した高度成長期

最初のうねりは、企業の社会的責任という言葉が日本で一般的になった1960～70年代の高度成長期です。「いざなぎ景気」が1965年11月から1970年7月までの57カ月を記録した、戦後長い間、最長と言われてきた好景気の時代です。戦後、欧米に追いつけ追い越せで一所懸命に日本経済を引っ張ってきた日本企業。日本人の生活水準向上のためには日本企業の成長が不可欠でした。その為には企業は何をやってもいいので、最優先で日本を豊かにして欲しい、そんな経済成長至上主義に初めてストップがかかったのが高度成長期における社会的責任ブームです。

当時注目されたのが公害問題という大きな社会問題でした。汚水、排煙、騒音といった公害に大きな批判が集まりました。企業にも社会的責任があるだろう、という

図2　3回の社会性ブーム

出所：筆者作成。

意見が初めて出てきたのです。これに対し、企業は産業レベルから個別企業レベルに至るまで、様々なレベルで経営行動基準を定め、公害に対処し、企業の社会的責任を果たそうと努力し、対応しました。その内容に対応するのが、すでにご説明した**狭義の社会的責任**でした（図2の左端）。

■バブル経済と社会貢献（フィランソロピー）・文化支援（メセナ）

2回目のうねりはバブルです。1986年12月から1991年2月までの51カ月間という長い好景気が訪れ、日経平均は史上最高値を記録[※1]、当時、株が200兆円、土地が2000兆円上昇したと言われているあのバブルです。業績好調の企業に対して、儲け過ぎなのではないか、企業は豊かになるが国民は少しも豊かになっていない、という批判が出てきました。そこで企業はもっと社会貢献をせよ、文化支援をせよ、という世論から、社会貢献を意味するフィランソロピー（philanthropy）、文化支援を意味するメセナ（mécénat）という用語がクローズアップされたのがこの頃です。企業はこぞって社会貢献推進室・企業市民室・企業文化部といった専門の部署を設立し、これらの意見に対応したのです。これをフィランソロピー・ブームと呼んでおきます（図2の中央）。

■21世紀とCSRブーム

3回目のうねりが21世紀になってからのCSRブームです。2002年2月から2008年2月まで、実に73カ月もの長い好景気がありました。記録としては戦後の高度成長期を抜く、史上最長の景気ですが、景気判断はプラスかマイナスかの2択なので、少しでもプラスが続くと、好景気ということになります。実際には低空飛行が続いただけなので、この戦後最長の好景気は「いざなみ景気」とも言われますが、一般的にはあまり知られていません（コラム2）。

1990年代後半、国内では企業犯罪・不祥事が頻発し、企業活動に伴う経済・社会・環境におけるネガティブな側面が大きな社会問題となり、企業に対する批判が高まっていました。欧米でも各国・地域における社会的課題が大いに議論されるようになり、CSRが重要課題として議論されるようになり、その影響が日本にも及ぶようになってきました。※2 国連グローバルコンパクト、GRIなどのCSR関連規格・ガイドラインが作られ、※3 多くの日本企業もCSR活動を強化していくのがこの頃です。

2003年1月にはリコーが日本企業で初めてCSR専門部署としてCSR部を設立します。以降、ソニー、ユニ・チャーム、松下電器産業（現、パナソニック）などが専門部署を立ち上げます。[※4]経済同友会からは『「市場の進化」と社会的責任経営』という企業白書が公表され、[※5]2003年は日本のCSR元年と呼ばれています。それまで多くの企業が発行してきた環境報告書などに代わってCSR報告書が発行されるようになり、CSRという言葉が一般化したのです（図2の右側、**企業のための社会性**に関しては後述）。

■三つのうねりには共通点

この3回のうねりのうち、最初の2回には大きな共通点が見られます。背景には日本経済の長期好調という好景気があり、それに対して企業は儲け過ぎだという大企業批判が生まれ、企業はそれに対処するのですが、好景気終了とともにそのうねりも終了してしまう、という点です。最初の社会的責任ブームには「いざなぎ景気」、バブル時にはその名の通りの「バブル景気」がありました。それぞれの好景気に対して、企業は大きな批判にさらされ、それらに対処すべく、いろいろな方策を打ちました。しかし好景気はいつか終わるもので、それとともに企業に対する批判も下火になり、企業もその対策にそれほど労力を向けなくてもよくなってきて、ブーム終了となったわけです。

3回目のCSRブームも、途中までは全く同じです。戦後最長といわれた「いざなぎ景気」をついに更新した「いざなみ景気」、内外からの大きな圧力、それに対する各種CS

R対策です。日本企業は基本的に横並び意識が高いので、先進的企業がCSR活動に力を入れると、各社、こぞって同じ行動に出るので、一種のブームが起きるのです。[※6] しかし大きな違いは、好景気終了後もCSRブームが終了しなかった点です。あるいはブームは終了したが、実質的に定着した、と言っても良いでしょう。CSRはいまだに企業経営の重要テーマとなっています。

■終わらなかったCSRブーム

CSRブーム後の現代企業にとって社会性の問題は無視できない存在で、重要な要因となってきているからこそ好景気終了にもかかわらず、ブームは終了しなかった、あるいは、一過性のブームという言葉が不適当なら、実質的に定着し、今後CSRは、ブームとは関係なく重視されていくと言い換えてもよいでしょう。しかしすでに確認したように、CSRの社会性は**狭義の社会的責任**とは異なり、非常に広い意味を持ちます。世の中にはいろいろな理解はありますが、最も広く捉えれば、すでに図1に示した**広義のCSR**（**広義の社会的責任**）と言えましょう。しかし全部含めてしまう広義の考え方では、何がCSRのポイントなのかがよく判らなくなってしまいます。だからこそ、現状で、CSRの捉え方が人それぞれであり、CSRって何、という最初の質問に戻ってしまうのです。もう一度、なぜ現代企業にとってＣＳＲが重要なのか、を第３章で考えてみましょう。

Column 2

好景気の判定

景気は好景気を上り坂で示し、不景気を下り坂で示し、上って下りるまでで一つの山と考えてその山の繰り返しを景気循環と呼びます。社会的責任ブームの「いざなぎ景気」は戦後の６番目の山（第６循環）の前半上り坂にあたり、フィランソロピー・ブームの「バブル景気」は第11循環の、ＣＳＲブームの「いざなみ景気」は第14循環の前半上り坂にあたります。これらは内閣府の景気動向指数研究会で事後的に決められることになっています。

景気の名前は通称で、「いざなぎ景気」と「バブル景気」に関してはある程度、世の中で認知された言葉なので、皆さんも聞き覚えがあることと思います。「いざなみ景気」に関しては、その長さがそれまでの記録であった〝いざなぎ〟を抜くために〝いざなみ〟と呼ばれますが、実はＧＤＰ成長率などは「バブル景気」よりも低く、感覚的に低空飛行であったため、あまり知られていない通称ですね。

ちなみに、２０１２年12月より第16循環の上り坂が始まっており、本書執筆現在（２０

17年11月)、まだ好景気は続いているようです。いわゆる「アベノミクス景気」ですね。数えてみると2017年9月で58カ月目なので「バブル景気」はもちろんのこと「いざなぎ景気」も抜いて、戦後第2位の長期好景気となる可能性大です[★1]。可能性大というのは、すでにご説明したように、すべては事後的に決められるので、好景気が終わってみないと何も言えないわけです。

★1 『日本経済新聞』2017年11月9日。

[註]

※1 1989年12月29日に、一時38,957.44円、終値で38,915.87円を記録。日経平均プロフィル(ヒストリカルデータ)https://indexes.nikkei.co.jp/nkave/archives/data(2017年11月27日確認)。

※2 谷本寛治[2014]2ページ。

※3 企業が社会の一員として持続可能な成長を実現するための世界的な枠組みである国連グローバルコンパクト(UNGC)が2000年に発足、また、サステナビリティ報告書の世界基準として有名なGRIの初版が2000年に公表されている。

※4 日経CSRプロジェクト「CSRを考える」各社CSR報告書 http://adnet.nikkei.co.jp/a/csr/think/(2017年11月27日確認)。

※5 経済同友会編[2003]。

※6 谷本寛治[2013]154~157ページ。

Chapter 3

現代企業にとっての社会性

もう一度、なぜ現代企業にとってＣＳＲが重要なのか、を考えてみましょう。筆者が良い企業の基準として、伝統的に儲かって伸びている企業、すなわち収益性と成長性の高い企業、これに加えて、高い社会性が必要であると考えていることはすでにご説明したとおりです。企業の社会的影響力の大きさを考えると収益性、成長性だけではなく、社会性が重要という説明でした。では、収益性、成長性との関係はどうなっているのでしょうか。それを考えることが、社会性の考え方の大きなヒントになります。本章ではそれらの関係を前章で作った図１、図２に加筆していく形でご説明いたします。

■制約条件としての社会性だった社会的責任ブーム

古くから企業の目的は利益を上げること、すなわち収益性向上と言われてきました。第１章でご説明したように、いろいろな企業の目的は考えられるものの、この収益性が企業にとって重要であることは間違いありません。例えばよく言われるように、アメリカの企業は株主の株価上昇・配当金増加という要求に応えるため、この収益性を最重視してきました。ROI[※1]によるチェックがその典型例です。

ところが日本企業は短期の収益性を犠牲にしても、シェア拡大のほうを優先させてきました。これは収益性重視の経営に対して成長性重視の経営と言えます。両者の関係は究極の企業目的を長期の維持発展と考えることにより説明できます。すなわち上位の目的が長期の維持発展であり、その手段となるのが利潤の最大化であり、そのための収益性・成長性なのです。収益性と成長性の関係については、収益性が短期的目標、成長性が中長期的目標と言えましょう。これがアメリカ企業のモノの見方は短期的と言われる由縁でもあります。これに対して、日本企業は当面の利益を我慢して、設備投資・研究開発などに資金を回し、企業の成長を図り、中長期的に収益を拡大していくという成長性重視の経営をしてきたと言えます。

社会的責任ブームまでの経営の考え方では、こ

図3　収益性・成長性と社会性の関係

企業の社会性（広義のCSR＝広義の社会的責任）

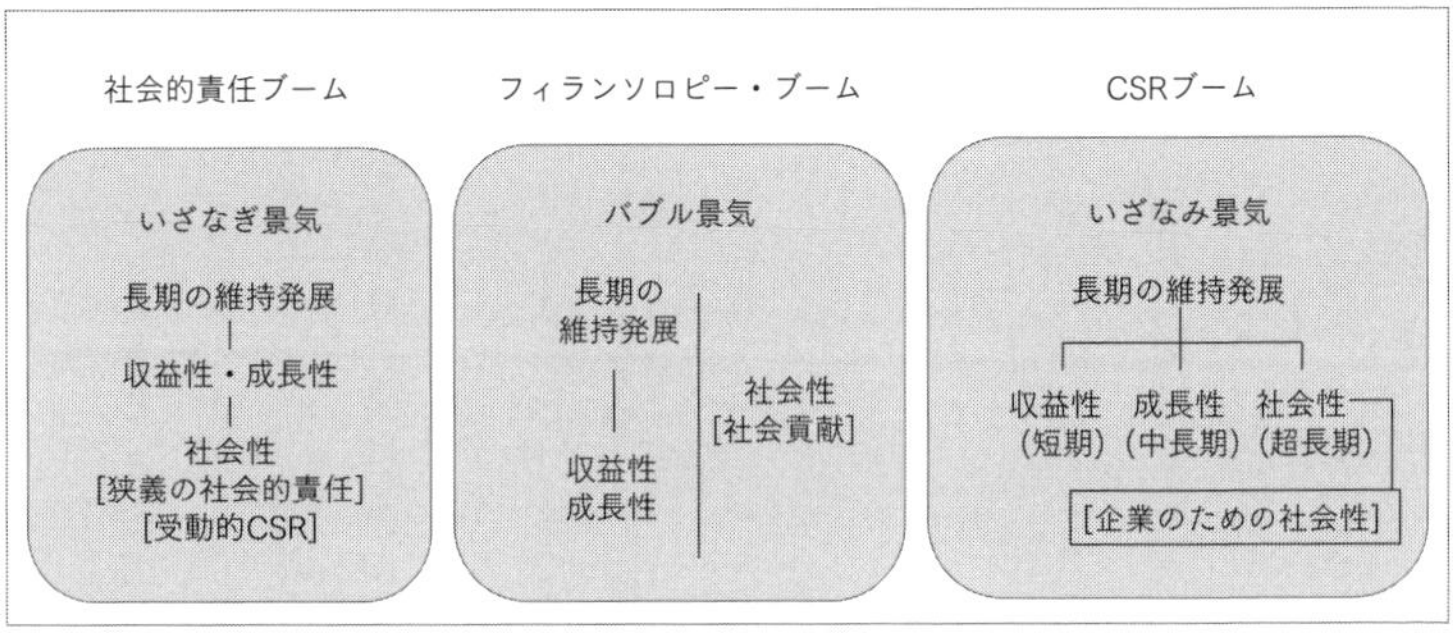

出所：筆者作成。

のような長期の維持発展―収益性・成長性という目標に対して社会性（ここでは**狭義の社会的責任**）はさらに下位の目標に位置付けられてきました（図3の左側）。すなわち企業が社会的責任を果たすことはより上位の目標である収益性・成長性を達成するために必要な制約条件と考えられてきたわけです。もっと言えば、当時の企業は積極的に社会的責任を果たそうとしたわけではなく、社会からの批判に対処するため、いわば、嫌々、消極的に対処してきたとさえ、解釈できます。これはすでに見てきたとおり、1960～70年代の社会的責任ブームに多くの企業が批判対策をしたが、その後不況になり批判がなくなるとともにその対処も下火になった、という事実からも解ります。

■企業のロジックとは無関係の社会性であったフィランソロピー・ブーム

これに対してフィランソロピー・ブームの社会性は収益性・成長性といった企業の目標とは無関係のところで論じられてきました。例えば企業フィランソロピーは企業の社会貢献という意味に捉えられますが、その内容は企業本来の利益追求活動を離れて、または本業と関係のない分野で、社会のために支援を行なうこと、と言われていました。また、メセナ活動は、企業による見返りのない純粋な文化支援とされていました。さらに前述のごとく、社会貢献活動やメセナ活動は陰徳として世に明らかにすべきでないという考え方もありました。収益性・成長性と社会性の関係をまとめると、社会的責任ブームにおける社会性は収益性・成長性という目標に対しての制約条件であり、フィランソロピー・ブームにおける社会性は収益性・成長性とは無関係であった、となります（図3の中央）。

■CSRブームと企業のための社会性

社会的責任ブームとフィランソロピー・ブームという2回のブームの興隆と消滅の繰り返しを確認しましたが、このような社会性に対する認識の低さと、現代企業にとっての社会性の重要性を考え合せると、どちらのブームにおける社会性の考え方も好ましくありません。現代企業は社会性をどのように捉えるべきなのでしょうか。

結論を先取りしておけば、企業の社会性は社会のためだけではなく、**企業のための社会性**でもあり、下位の手段としてではなく、企業にとっての上位の目標として考える必要がある、と言えます（図3の右側）。CSRブーム以降、好景気終了後もCSRが重視されていることはその重要性を裏付けていますが、その理由をさらに確認しておきましょう。

■アメリカ企業にとっての社会性の考え方の歴史

まず「良き企業市民」という言葉が早くから定着してきたアメリカの社会貢献の歴史状況から見てみます。※2 アメリカ企業の社会活動は企業のロジックとできるだけ矛盾のない形で、言い換えれば企業の利益と直接結び付く形で始まったと言われています。しかし1953年、企業フィランソロピー史において時代を画すると言われる裁判が起きます。A・P・スミス社のプリンストン大学への寄付1500ドルをめぐって企業行為としての妥当性が同社株主との間で争われたのです。つまり株主としては、〝自分たちの金なんだから、自分たちの利益になるように使ってもらいたい、勝手に大学になんか寄付するな〟、という訴えです。ニュージャージーの裁判所の判決は、〝企業も「良き企業市民」としての義務があるから、寄付は社会的責任を果たしていくことで企業の長期的利益につながるから妥当〟というものでした。企業にとっての直接の利益のみが許される社会貢献から、「良き企業市民」としての社会貢献の時代が始まった画期的な裁判でした。

しかしながらここで重要なことは、直接の利益ではないが長期的な利益は考慮されているという点です。この点を最も顕著に表している考え方に「見識ある自己利益・啓発された自己利益（Enlightened Self-interest）」があります。これは、社会貢献は企業活動をより円滑に行なうための社会システムへの投資であり、企業は自由経済を保証する社会制度の強化を行なうためにフィランソロピーに参加する、という考え方です。実際、アメリカ企業は、本社も支店もなくビジネス上重要な地域でもないところには決して寄付をしないと言われています。

アメリカ企業は確かに多くの寄付を行ないますが、それは自社の企業活動とは関係のない寄付ではなく、それどころか（長期的には）明確に関係のある寄付活動を目指している、ということなのです。

■ヨーロッパ企業にとっての社会性の考え方―暗黙的CSR―

ヨーロッパの企業のCSRの特徴を示す言葉の一つとして、暗黙的CSR（implicit CSR）という言葉があります。これは世界の経営学会のトップジャーナルに2008年に掲載された論文[※3]でマッテン教授とムーン教授によって主張された言葉です。アメリカの企業は前述のように、社会的責任を企業活動に盛り込み、明確（explicit）な戦略としてCSR活動を行なうが、ヨーロッパでは、各企業が自主的に動くのではなく、社会全体で共有する価値観、規範によってCSR活動が行なわれる、というのです。

マッテン教授とムーン教授の主張によれば、ヨーロッパとアメリカでは国のシステム

(National Business Systems)が異なるといいます。具体的には、政治システム、資金調達システム、教育・労働市場システム、文化システムなどです。これらが、ヨーロッパでは国全体、あるいは地域全体、少なくともそれぞれの利害関係組織ごとに共有された価値観が重視され、それによって企業のCSR行動も暗黙(implicit)のうちに決まってくる、というのです。

■アメリカ企業にとっての社会性の考え方—明示的CSR—

これに対してアメリカでは市場経済、株主の論理が優先されるので、それぞれの企業が自主的に意思決定することが重視され、CSRも必然的に企業の戦略の一環として実行されるので、両教授たちはそれを明示的(explicit)CSRと呼んでいます。

ヨーロッパの企業の、共有する価値観によって暗黙のうちに社会から求められる行動を行なう暗黙的CSRに対して、市場の価値・株主の考え方が優先されるアメリカにおいては、企業それぞれが自主的に意思決定し、企業自体の立場でCSRを行なう、いわば戦略として明示的にCSRを行ないます。これは戦略的CSRとも言えます。

■マイケル・ポーター教授の戦略的CSR

戦略的CSRという言葉を使っている人は多いのですが、ここではハーバード大学のマイケル・ポーター教授が共著でハーバード・ビジネス・レビュー（HBR）に発表した論文[※4]をもとに、その考え方を見ておきましょう。

まずポーター教授たちは企業と社会の関係について、企業の利益と社会の利益を別物として考え、一方が増えれば、他方は減るというゼロサムとして捉える従来の関係を批判しています。ゼロサムではなく、成功する企業には健全な社会が欠かせない、健全な社会には成功する企業が欠かせない、というのです。

■三つの社会問題

そして社会問題を**一般的な社会問題**、**バリューチェーンの社会的インパクト**、**競争環境の社会的側面**という三つのカテゴリーに分類します。

一般的な社会問題は、社会にとって重要であるが、企業活動から大きな影響を受けることは無く、企業の長期的な競争力に影響を及ぼすこともない問題です。つまり「企業 ↓

社会」という影響も「社会→企業」という影響も限定的な社会問題を指しています。

バリューチェーンの社会的インパクトは、通常の企業活動によって大きな影響が及ぼされる社会問題で、「企業→社会」の影響力が大きい社会問題を指します。

競争環境の社会的側面は、外部環境要因のうち、事業を展開する国での企業競争力に大きな影響を及ぼす社会問題を指し、**バリューチェーンの社会的インパクト**とは逆に、「社会→企業」という影響の大きな社会問題です。

そして彼らは、企業は三つのカテゴリーを見分けねばならない、と言います。例えば、CO_2排出という社会問題は、金融機関にとっては**一般的な社会問題**ですが、運輸業にとっては自社のトラックが環境に悪影響を及ぼすので「企業→社会」の**バリューチェーンの社会的インパクト**、自動車製造業にとっては運輸業同様、自社の製品が環境に悪影響を及ぼすので**バリューチェーンの社会的インパクト**ですが、それを逆手にとって、環境の良い製品を開発することに繋がれば、「社会→企業」の**競争環境の社会的側面**とも捉えることができます。

■戦略的CSRとは社会問題を選択し、社会と企業にメリットの大きい少数の活動に絞ること

一般的な社会問題に企業として対処することは、もちろん社会にとってプラスなので、

褒められるべきことでしょう。**バリューチェーンの社会的インパクト**に関しても、もし自社が社会に対してマイナスの影響を及ぼしているとすれば、すぐに対処しなければならず、企業にとっては社会から求められる行動と言えます。それらを、ポーター教授らは受動的CSR（Responsive CSR）と呼んでいます。

これに対して、戦略的CSR（Strategic CSR）は、社会問題を選択し、良き企業市民やバリューチェーンの悪影響緩和のレベルから一歩踏み出し、社会と企業にメリットの大きい少数の活動に集中することを意味しています。**バリューチェーンの社会的インパクト**に対して、マイナス面を補填するにとどまらず、それを自社の戦略に組み込み、社会にプラスの貢献を果たすことができれば、それは戦略的CSRと言えましょう。三つ目のカテゴリーである、**競争環境の社会的側面**への対処は、社会から自社へ影響の大きな部分をテコに、社会と自社の両方にプラスになるような戦略を構築していくことですので、これまた戦略的CSRと言えます。

単に社会からの圧力に応答するだけのCSRではなく、明確に企業全体の事業戦略と関連付けられるCSRが戦略的CSRです。企業は社会問題すべてを解決できるわけではありません。その費用をすべて負担できるわけでもありません。企業は自社の事業と接点を持つ社会課題を選択しなければならないのです。

ポーター教授らは、この考えをさらに発展させ、企業の経済価値と社会価値を同時に実現するCSV（Creating Shared Value：共通価値の創造）を提唱しています。これに関しては第4章で詳しく検討しますが、一言でいえば、CSRを企業の戦略として実行し、それが企業にとっての価値である経済価値と、社会にとっての価値である社会価値を同時に実現し、それを企業と社会が共有することを目指す、という考え方で、これは戦略的CSRに他ならないと言えます。

■ヨーロッパ企業の明示的（explicit）CSR化

さて、CSRの implicit vs. explicit の話に戻りましょう。アメリカ型は明示的な explicit で、ヨーロッパ型は暗黙的な implicit ということでしたが、実は、マッテン教授とムーン教授はその違いが21世紀に入ってどんどん曖昧になり、ヨーロッパの implicit なCSRが explicit 化していると主張しています。これを彼らは新制度派経済学の制度的同型化という理論で説明します[※5]（コラム3）。

■強制的同型化によって明示的CSRへ移行するヨーロッパ企業

制度的同型化理論をCSR活動に当てはめてみると、ヨーロッパをはじめとした、全世界の企業が暗黙的ＣＳＲから明示的ＣＳＲに変わりつつあるのではないか、と考えられています。というのは、ヨーロッパのＣＳＲも、様々な制度的圧力を背景に、企業における組織活動の正当性（legitimacy）に関する認識の変化を伴って、アメリカ型と類似する傾向が強まってきているからなのです。

まず強制的同型化ですが、政府以外に、ＥＣ（欧州委員会）、OECD（経済協力開発機構）、ＩＬＯ（国際労働機関）、ＩＳＯ（国際標準化機構）、ＧＲＩ[※6]などの行動規範の普及に伴い、明示的にＣＳＲに取り組むことが各種規範によって期待されてきています。政府の役割縮小と企業のガバナンスの明示的責任への期待増加とともに、ＣＳＲへの明示的・積極的取り組みがここでも期待されてきている、ということです。

例えば、ＥＣ（欧州委員会）の報告書のＣＳＲ定義［2004］を見てみますと、

ＣＳＲとは、社会面及び環境面の考慮を自主的に業務に統合することである
それは、法的要請や契約上の義務を上回るものである
ＣＳＲは法律上、契約上の要請以上のことを行なうことである
ＣＳＲは法律や契約に置き換わるものでも、
また、法律及び契約を避けるためのものでもない

となっています。社会と環境の考慮を自主的に業務に統合、法的要請や契約上の義務を上回るもの、と明記されているわけですから、より explicit な形になっていると言えます。

さらに、2011年の定義では、

企業の社会への影響に対する責任
株主と広く社会やその他のステークホルダーとの間で「共通価値の創造」を最大化すること

となっています。共通価値はマイケル・ポーター教授の唱えるCSVのSV（Shared Value）ですから、さらに explicit な定義になっていることが判ります。

■模倣的同型化と規範的同型化も起きているヨーロッパのCSR

強制的同型化の話が長くなってしまったので、残りの二つは簡単に見ておきましょう。

CSRの模倣的同型化としては、他企業のベストプラクティスによる正当性獲得が挙げられます。これだけ多くの企業がCSRレポートを発行し、CSR推進協議会などに加盟するようになってくれば、ほかの企業もそれを明示的に真似せざるを得ない状況です。

規範的同型化としては、ヨーロッパの主導的ビジネススクールMBAでCSRを必修科目にする動きがあげられます。人事、労務、会計、SCMなどの業界団体や職能団体でもCSRを標準化する傾向が見られ、多くの企業で明示的にCSRに取り組むことが当たり前になってきている、と言えます。

このように、アメリカ企業だけでなく、ヨーロッパ企業も明示的なCSRを推進するようになってきたことがわかりましたので、話を日本に戻しましょう。

■単なる理想論で片付けてはならないCSR

日本における企業の社会性は、社会的責任ブームにおいては制約条件的な扱いであり、フィランソロピー・ブームの時には陰徳などといった利他的な要素が強調され、その活動が企業から独立し、収益性から離れることが良いことだという議論が目立っていました。しかし欧米では企業フィランソロピーを企業のロジックから逸脱させることは、単なる理想主義の域を出ないことだという認識が強かったので、社会貢献活動、そして近年ではCSR活動に関して企業のロジックとの関連が多く論じられてきました。※7 その結果、暗黙的CSRであったヨーロッパ企業も、アメリカ企業のような明示的CSRへと移行してきたわけです。日本でも、単なる理想主義でＣＳＲを行なうだけでは済まされなくなってきている、と言えます。

■日本の経営者も同意見

フィランソロピー・ブームの頃の日本の経営者の意見を集めると、実は同様な意見を持っている人も多かったことがわかります。

例えば、キヤノンの中興の祖と言われる賀来龍三郎（元）社長によれば、企業は、１：企業のことだけを考える純資本主義的企業、２：労使が一体となって企業の繁栄だけを考える運命共同体的企業、３：自分の所属する地域社会や国に対する責任を果たす社会的責任遂行企業、４：世界の人類に尽くす世界人類共生企業、という進化をとげるとのことです。この議論はいかにも企業の収益性・成長性とは別に社会性を考えるという、フィランソロピー・ブームの意見の代表のように思えますが、賀来氏は「これは企業の成果の分配に関して、経営者だけがとるのか、従業員にも分配するのか、あるいはステークホルダー、さらには世界との共生にまで視野を広げるのか、という問題であり、十分な分配をするために、最大限の利益を上げることが不可欠なのは言うまでもない。」としています。[※8]

メセナという言葉を日本に広めたことで有名な資生堂の福原義春名誉会長は見返りなき

文化支援という考え方について「最終的には何等かの意味でいつかは企業に返ってくる物であるべきであり、全く見返りにつながらないことをやるのは長続きしない。」と述べています。[※9]

世界最大の塩化ビニールメーカーである信越化学工業の金川千尋会長は「会社が健全に利益を上げていなければ何もできない。税金も納められないし社会貢献もやれない。経済単位として失格の企業が福祉だ、メセナだといってもはじまらない。」と述べています。[※10]

任天堂の山内溥（元）社長は「企業は社会奉仕のために存在しているのではない。きちんと利益を上げてしかるべき報酬を従業員にあげるのが第一。」としています。[※11]

アサヒビールの中興の祖として知られる樋口廣太郎（元）社長は「企業の社会貢献やフィランソロピーは社長の道楽や会社のアクセサリーなどではなく、企業がバイタリティーを持つための資源そのものである。」と述べています。[※12]

サントリーホールでも知られるサントリーの佐治敬三（元）社長は、メセナや社会貢献に対して「文化、文化といっても、利益を上げなかったらいかん。我々が文化活動に熱心なのはサントリーに対する消費者の好感度を高めたいという狙いが元にあるから。回り回って利益になる。それがなければ企業の文化活動は成り立たない。純粋な文化支援には必ず裏がある。」と述べています。[※13]

■社会的責任ブームとフィランソロピー・ブームの社会性の考え方は非現実的

欧米の状況からも、実際の日本の経営者の意見からも、フィランソロピー・ブームの見返りなき社会貢献、マネジメントの論理から切り離された社会性という考え方は非現実的であることがわかります。純粋に利他的に行動する企業があったとしても、その企業の行動は株主をはじめ、従業員ほか、すべての利害関係者から賛同を得ることはできません。その結果、その企業は本業から利益を得ることができなくなり、収益性が低下し、成長性も低下し、長期の維持発展という目標も達成できなくなってしまうからです。企業が存続しなければ社会性に関する活動も当然ながら続けられません。したがって、企業が純粋に利他的な行動をすることは、その利他的な行動の受益者を含めて、すべての利害関係者にマイナスということになってしまうのです。

さらに社会的責任ブームの経営の考え方のように、社会性を収益性・成長性という目標の手段と考えることにも無理があります。そのような考え方では、不況になった時に社会性・社会貢献という意識がなくなってしまいます。せっかくの社会貢献も偽善的または、場当たり的、思い付きといった悪いイメージになり[※14]、とても社会性とは言えなくなってしまうのです。

■企業のための社会性と捉えるべき

広く社会に貢献し、世界に受け入れられるためには、社会性をより上位の目標と考え、収益性・成長性といった目標と一貫性を持った戦略的なものとして考え、CSR活動を行なっていく必要がありましょう。したがって現代の企業に求められる社会性は、収益性・成長性と同じレベルの目標に位置付けられるべきなのです。すなわち企業の目標と社会性との関係は図3の右側の「CSRブーム **企業のための社会性**」のようになることが望ましいと考えられます。企業の社会性全体を含む**広義のCSR**に対応させれば、限定的な意味を持つ**狭義のCSR**となります。さらに言えば、implicit なCSRではなく、explicit なCSRとも言えましょう。ここで企業の究極の目的を長期の維持発展とするのはすべて共通ですが、その手段としての下位目標が収益性、成長性、社会性となります。社会性は、収益性、成長性の下位目標・サブ目標・手段ではなく、同じレベルの目標になっているところがポイントなのです。

■超長期的目標としての社会性

お互いの関係は、短期的目標として収益性、中長期的目標として成長性、超長期的目標として社会性と位置付けられます。したがって、1年以内程度の短期的目標、せいぜい5年程度までの中長期的目標に比べて、超長期的目標のウェイトは低くなります。ただし、あくまでも、下位目標ではなく、対等であることが重要です。もう少し具体的に言えば、今、CSR活動に一定額の予算を組み、積極的に活動している企業があったとして、その企業が減益、または営業赤字に直面したとします。その時、真っ先にそれをやめてしまう、というのでは社会性とは言えません。それでは余裕がある時の偽善的行為にすぎないからです。単なる減益の時はもちろんのこと、営業赤字でも経常で黒字であるならば、苦しくてもCSR活動は続けねばなりません。しかし、もしも経常赤字にまでなったとすれば、その時は活動縮小もやむを得ないでしょう。そこが、超長期的目標のウェイトの低さと考えられます。

社会性が収益性・成長性より下位の目標と見られていたり、別物として考えられていたのは、企業の社会性が収益性・成長性を損ない、利害関係者の利益にならない、と考えられていたからです。しかし実際には、長期的なイメージ向上、それによる取引関係の良好化、優秀な人材の確保など、様々なメリットが考えられます。そしてこれは株主の意向に反しているわけでもありません。株主にとっては企業が長期的に維持発展してくれれば、キャピタルゲイン、インカムゲインともに増加します。企業は社会性の追求に際して、本業と関係なく社会のために尽くす、などと偽善的なことを言う必要はないし、陰徳といってその活動を隠す必要もありません。企業は社会性の追求に際して、それが自社のためになる、自社のために必要である、と言うことに照れる必要はないのです。

東日本大震災が起きた時、非常に多くの企業が製品・サービスの無償提供、義援金寄付などの活動を積極的に行ないました。もちろんこれは尊敬すべき行為です。しかしその際、自社の収益性・成長性を一切考えずにその行動を最優先する、と考えた経営者はいなかったのではないでしょうか。もしそのような行動に出れば、時を待たずして自らが倒産してしまいます。倒産は多くのステークホルダーに迷惑をかけるだけでなく、その際に目指していた救援・復興活動もストップしてしまうことになることは明白です。

社会性を重視した活動を行なう際、ＣＳＲ活動を行なう際、収益性・成長性といった企業本来のロジックをも意識した、企業本来の活動を行なうことに全く問題はありません。**企業のための社会性**を意識的に前面に出しながら、あくまでも戦略の一環として社会性活動を行なっていくべきなのです。

Column 3 制度的同型化

制度的同型化とは、世の中の組織や制度は、本来、それぞれの時代や背景に沿ったものになるはずだが、次の三つの理由によって同じような組織や制度が生まれてしまう、あるいは、同じような組織や制度に変化していく、という理論［★1］で、経営学の中では最もよく参照される理論の一つです。三つの理由は、強制的同型化、模範的同型化、規範的同型化と名付けられています。

強制的同型化は国や法律によって規定される仕組みに、すべての組織や制度は従わねばならないというもので、生き残るためには必然的に皆それに従うというものです。模範的同型化はすでにうまくやっている組織や制度があれば、それを真似ることによって自分自身も生き残れる、というもので、規範的同型化は、何らかの専門家が理論的に主張するものがあれば、それに沿うように行動することによって生き残れる、というものです。

★1 DiMaggio & Powell［1983］.

［註］

※1　Return On Investment の頭文字。投下資本利益率と訳し、どのくらい投資し、どのくらい儲かったかを表す指標。

※2　アメリカの状況については、電通総研編［1991］65～１０７ページおよび、島田晴雄編［1993］１５５～１９１ページを参考にした。

※3　Matten & Moon［2008］.

※4　Porter & Kramer［2002; 2006; 2011］.

※5　Matten & Moon［2008］pp. 411-412.

※6　Global Reporting Initiative の略で、サステナビリティ報告書などの標準を提供するＮＧＯ。

※7　岡本大輔・梅津光弘［2006］33～35ページ。

※8　清水龍瑩［1992］２３４～２４２ページ。なお、筆者は清水教授の賀来氏へのインタビューに同席している。また氏の世界人類共生企業の考え方は、その後、長くキヤノン社内に受け継がれ、現在もキヤノンの企業理念として採用されている。http://global.canon/ja/vision/philosophy.html（２０１７年11月27日確認）。

※9　福原義春［1992］２１８ページ。

※10　『日経ビジネス』１９９２年８月17日号。

※11　『日経ビジネス』１９９２年６月１日号。

※12　『日本経済新聞』１９９２年２月27日。

※13　『日本経済新聞』１９９２年８月22日。

※14　嶋口充輝［1992］54ページ。

Chapter 4
ＣＳＶとは何か

キリンは２０１３年にＣＳＶ本部を立ち上げました。近年、ＣＳＶという言葉がよく聞かれるようになり、皆さんもご存じのことと思います。しかし、ＣＳＶって何？　ＣＳＲと何処が違うの？　という話になると、ちゃんと説明できる人は少ないでしょう。本章ではＣＳＶという概念を確認し、ＣＳＲとどのような関係になっているのかを押さえておきましょう。

■ＣＳＶはハーバード・ビジネス・レビューで発表された概念

ＣＳＶはマイケル・ポーターというハーバード大学教授が提唱した概念で、Creating Shared Value の頭文字です。ＣＳＲと似ているので混同されがちですが、三つとも全く違う単語です。たぶんポーター教授はＣＳＲを多分に意識してＣＳＶと命名されたとは思いますが……。

ポーター教授はＨＢＲ（Harvard Business Review）というハーバード大学の機関誌に何本かの連載論文を共著で投稿され、ＣＳＶを発表しました。※1　その後、多くの解説本は出版されていますが、ポーター教授ご自身の論文はありません。以下ではHBRのオリジナル論文と、数ある解説本のうち、名和高司一橋大学教授の『CSV経営戦略』[※2]という文献を中心に、CSVとは何かを確認しておきましょう。なぜ、数ある解説本のうち『CSV経営戦略』なのかというと、名和教授はハーバード大学に留学され、その時の指導教授はゲマワット教授でした。ゲマワット教授は『コークの味は国ごとに違うべきか』[※3]やハーバード大学最年少教授ということで有名ですが、それよりもポーター教授の一番弟子です。つまり名和教授はポーター教授の孫弟子にあたり、ポーター教授とも交流があり、直接、お話を聞いているのです。

■CSVは共通価値創造

CSV（Creating Shared Value）の共通価値（Shared Value）は、「企業が事業を営む地域社会の経済条件や社会状況を改善しながら、自らの競争力を高める方針とその実行」と定義されています。[※4]企業にとっての価値を経済価値とするなら、社会にとっての価値を社会価値と呼び、その両者で共有できる価値、それを共通価値と呼んでいます。従来の資本主義では企業の利益と公共の利益は相反するものである、という考え方もありましたが、共通価値の考え方はそれに真っ向から勝負を挑もうとする考え方なのです。

ポーター教授は、企業の社会的責任であるCSRのなかでも、それを戦略的に捉える戦略的CSRを、共通価値を生み出すこと、すなわち共通価値創造（Creating Shared Value）と定義しました。つまり戦略的CSR＝CSVという考え方です。

■CSVを実現する三つのレバー

具体的にCSVを実現する方策としては**①次世代製品・サービス創造のCSV、②バリューチェーン全体の生産性改善のCSV、③地域生態系構築のCSV**という三つのレバーが提唱されます。[※5] CSV概念が正しく理解されていないのはこの辺りからでしょう。実は、CSVにはいろいろな種類があるのです。

■①次世代製品・サービス創造のCSV

最初の**①次世代製品・サービス創造のCSV**は比較的解りやすく、これをCSVのすべてと理解している皆さんも多いのではないでしょうか。扱う製品・サービスによって本業が強化されるとともに、社会問題の解決に役立つCSVです。社会問題は環境問題、気候変動、経済格差・高齢化など、何でも構いません。ただ、自社の扱う製品・サービスと関連があればそれをCSVと呼ぼうという訳です。よく出てくる例としてはトヨタ自動車のプリウスがあります。皆さんよくご存じの、世界初の量産ハイブリッドカーです。トヨタ自動車の本業である車であるだけでなく、環境問題にも大きく貢献しているので、世界中から大きな支持を集めています。

本業の収益モデルと社会価値提案から構成される**①次世代製品・サービス創造のCSV**という意味では、多くの企業がすでに、社会・環境問題を解決しつつ利益を生み出す取り組みとして行なっています。そのような意味では、それほど目新しいことはない、という批判もありますが、ここで注目すべきは、CSVのレンズを通してみると、多くの企業はこうした取り組みをもっと進めることができるはずというのがCSVの主張だという点です。[※6]

企業の営利活動のため、多少の負の社会問題、環境問題は仕方ない、という考え方も従来はありました。しかし、そう考えてしまうと、企業の価値創造力を過小評価してしまいます。CSVの考え方をすることにより、従来のビジネスよりも幅広いパートナーシップ構築が可能となるかもしれません。社会価値創造という、社会・環境問題解決の大義があるので、政府、国際機関、慈善財団などからの資金提供が得られやすくなるでしょう。NGO／NPOとの連携も可能になるでしょう。

また、事業の初期段階においても社会貢献活動展開が可能になるという点も見逃せません。事業の最初の段階で収益モデルを構築するのはなかなか困難です。と言って最初から赤字を想定しての新事業というのも、社内外からの合意を取り付けてスタートさせることは難しいでしょう。しかしCSVの考え方を取り入れ、取り敢えず、社会価値創造を優先させてスタートさせるものの、CSVである限り、のちに収益モデルを構築するという強い想いを込めておけば、それは事業推進の強力なドライバーとなる訳です。

■②バリューチェーン全体の生産性改善のCSV

二つ目のCSVは**②バリューチェーン全体の生産性改善のCSV**ですが、バリューチェーンを最初に確認しておきましょう。大手製造業を例に考えてみると、次のように理解できます。原材料メーカーAが部品メーカーBに原材料を供給し、それを部品に組み上げた部品メーカーBが大手製造業Cに部品として納入し、大手製造業Cは製品を製造します。製品は卸売業者D・小売業者Eを通じて世の中で流通していき、消費者に届けられます。その製品は一般的には大手製造業Cの製品として世の中に認識されますが、上記のように、様々なプロセスを経て製品が作られるのであって、決して大手製造業Cが単独で存在しているわけではありません。そして、AからEまでのすべてのプロセスにおいて、価値が創造されています。これを価値の連鎖、バリューチェーンと呼ぶわけです。

大手製造業の作る製品（またはサービス業であればサービス）自体が経済価値とともに社会価値を生めば、それは**①次世代製品・サービス創造のＣＳＶ**になるわけですが、製品・サービス自体は社会価値を生まなくても、バリューチェーンのどこかで社会価値が生まれていれば、それもＣＳＶと呼ぼうというのが**②バリューチェーン全体の生産性改善のＣＳＶ**です。川上から川下までの全体の生産性を上げ最適化、効率化することで、どこかで社会価値を生めば良いわけです。

例えばポーター教授の解説では、世界最大の小売業ウォルマートが取り上げられます。[※7] 商品を仕入れて売るというのが小売業の本業で、そのためには、容器も包装も必要、仕入れにはトラックも必要で、多くのバリューチェーンが存在します。ウォルマートは２００９年に容器・包装の軽量化とトラック輸送ルートの最適化を考え、総計１億マイル短縮しました。これは環境問題の改善という大きな社会価値に繋がります。もちろんそれに加えて、ウォルマートには年に２億ドルものコスト削減という経済価値も同時に生み出されたそうで、これもＣＳＶということになる訳です。

ジョンソン・エンド・ジョンソンの例も見てみましょう。[※8] ヘルスケア関連のメーカーですから、製品・サービス自体が人類の健康という大きな社会価値を生み出し、ＣＳＶを達成していることは明らかですが、さらに、メーカーとしての活動のバリューチェーン上に、従業員というステークホルダーがいます。ジョンソン・エンド・ジョンソンでは彼ら従業員の禁煙支援ほか、健康増進プログラムに力を注ぎ、2億5000万ドルの医療費を削減したそうです。これは企業にとっても社会全体にとっても大きな価値といえ、まさに経済価値＋社会価値のCSVと言えましょう。

すでに第1章で説明したように、企業は社会に対する大きな影響力を持っています。バリューチェーンのいろいろなところで社会に対する影響力があります。自社の戦略によるバリューチェーンが社会に大きな影響を与えているので、そのバリューチェーンの環境自体を改善することによって、自社にも大きなメリットになるという考え方が**②バリューチェーン全体の生産性改善のCSV**なのです。

■③地域生態系構築のCSV

一番分かり難いのが、この3番目です。ポーター教授は、事業そのものが社会価値を生む**①次世代製品・サービス創造のCSV**、事業と関連するバリューチェーンのどこかで社会価値を生む**②バリューチェーン全体の生産性改善のCSV**ではなくても、事業を行なう地域での競争基盤・クラスターの改善、インフラ整備、競争ルール・市場透明性向上、自然資源保護、地域における産学連携、地産地消など、事業のバックグラウンド・地域生態系において社会価値が構築・改善されればそれもCSVだと言うのです。つまり当該企業の製品・サービスはもちろんのこと、当該企業のバリューチェーンとは直接的な関係を持たなくてもCSVになると言うのです。具体例を見ていきましょう。マイクロソフトのCSVです。[※9]

マイクロソフトは全米コミュニティカレッジ協会と提携し、多くの支援を行なってきました。すでに多くの企業が教育機関への支援を寄付活動・CSRとして行なっていますが、マイクロソフトの支援のどこがCSVなのでしょうか。通常、企業の教育機関への寄付はもちろん大きな社会価値を持ち、高い社会貢献として評価され、立派に社会的責任を果たしていると言えますが、それが当該企業にとってどのような意味があるのか、という意義はなかなか見出せません。事業との関連性はなく、株主に対して、なぜそのような寄付を行なうかという明確な理由付けの説明は難しいのではないでしょうか。もちろん、レピュテーション向上といった面でのプラス面もないわけではありませんが、なぜ、その企業が教育機関に寄付をしなければならないのかは不明確です。

その点、マイクロソフトのコミュニティカレッジ支援はIT教育に焦点を絞ったものです。コミュニティカレッジは一般的に資金不足で、最新鋭のIT機器を使ったIT教育をすることは非常に難しいと言われています。そこでマイクロソフトは最新鋭のIT機器を寄付し、さらに、IT教育カリキュラム作成のために社員も派遣し、体系的で効率的な教育を行なえる環境を提供しよう、という支援活動を行なってきました。

この例は、古いＩＴ教育に悩むコミュニティカレッジを支援すると言う意味での社会価値は大きく、慢性的ＩＴ労働者不足に悩むＩＴ業界にとっての社会価値も大きいと言えます。しかしコミュニティカレッジで育った人材はマイクロソフトに入社するとは限らず、逆にライバル企業に入社することだって考えられます。そのような意味で、マイクロソフト自身には直接関係はなく、もちろん直接的な利益ももたらしません。果たしてこれがＣＳＶなのでしょうか。

ここで登場するのが、**③地域生態系構築のＣＳＶ**という考え方です。企業は単独で存在するものではなく、バックグラウンドとなる地域生態系が存在します。それがうまく機能していない状況では企業活動は成り立ちません。それを構築・改善できれば、長期的に見れば、自社にとっての価値、すなわち経済価値も存在する、と考えられます。マイクロソフトの活動のバリューチェーン上には直接関係無くても、バックグラウンドでの社会価値を生むため、長期的に考えれば、マイクロソフトにもメリットはあると言え、それはＣＳＶと言えるわけです。

しかも、この分野であればマイクロソフトの専門分野であり、なぜ、マイクロソフトがこの寄付活動を行なうのか、がはっきりしてきます。**②バリューチェーン全体の生産性改善のＣＳＶ**と違って、**③地域生態系構築のＣＳＶ**は当該企業に直接関係していません。しかし直接関係していなくても、社会価値になるなら何でも良い、という訳ではなく、なぜ、当該企業がその活動をするのかという意義が大切と言えます。

同じような例として、トヨタ自動車のトヨタ東日本学園があります。※10 トヨタ自動車の東北復興プロジェクトの一環として、関東自動車工業、セントラル自動車、トヨタ自動車東北が統合され、トヨタ自動車東日本が誕生しました。その元で、トヨタ東日本学園が活動しています。この学園は、地元の工業高校新卒者や地域企業の社会人を受け入れ、トヨタが総力をあげて中核人材を育成し、モノづくり、ヒトづくり、地域づくりを宣言していています。トヨタにとってはもちろんのこと、地域にとっても、地域企業で働く技術者の人材育成、東北地域全体の技術力向上という大きな社会価値を生み出している、CSVの例といえましょう。まあこの例では、マイクロソフトの例よりもトヨタとの関係が深いため、バリューチェーンの最上流である人材育成という観点での社会価値と考えると**③地域生態系構築のCSV**ではなく、**②バリューチェーン全体の生産性改善のCSV**に分類しても良いかもしれない、中間的な例と言えましょう。

まとめますと、**③地域生態系構築のCSV**は、社会が自社に与える影響を考え、影響の大きい社会の競争基盤／クラスターを強化することで、社会問題を解決し、めぐりめぐって長期的には自社の競争力も強化する、というCSVです。これは**②バリューチェーン全体の生産性改善のCSV**の、自社が社会に影響を与える点に注目する、という考え方とは逆の考え方であると、位置付けられます。

第3章でご説明した、三つの社会問題を思い出してください。社会問題を**一般的な社会問題**、**バリューチェーンの社会的インパクト**、**競争環境の社会的側面**という三つのカテゴリーに分類する、という話でした。**バリューチェーンの社会的インパクト**は企業が社会に与える影響の大きい社会問題でしたので、これに対処するのが、**②バリューチェーン全体の生産性改善のCSV**、逆に、**競争環境の社会的側面**は社会が企業に与える影響の大きい社会問題でしたので、**③地域生態系構築のCSV**はこれに対する対処と位置付けられます（図4-1）。なお、**①次世代製品・サービス創造のCSV**は、自社の製品・サービスと社会問題がよりダイレクトに結びついているので、社会問題との関係では、バリューチェーンの社会的インパクトと競争環境の社会的側面の両方に関係していると言えましょう。

ネスレのケース

CSVを実践している企業として、典型例として挙げられるの

図4-1　社会問題の分類とCSVの分類の対応関係

社会問題	バリューチェーンの社会的インパクト 自社 → 社会	競争環境の社会的側面 社会 → 自社
CSV	②バリューチェーン全体の生産性改善のCSV	③地域生態系構築のCSV
	①次世代製品・サービス創造のCSV	

出所：筆者作成。

がネスレです。[※11]というのは、ネスレがＣＳＶという言葉を使ったのは２００６年の報告書です。なんと２０１１年のＨＢＲマイケル・ポーター論文より早いのです。

ネスレのウェブサイトには〝共通価値の創造〟というページがあり、それによるとコンプライアンス ― サステナビリティ ― 共通価値の創造（ＣＳＶ）の三層構造が示され、ＣＳＶがさらに「栄養」、「水（みず）資源」、「農業・地域開発」の三領域に分類されています（図４-２）。

「栄養」はネスレの本業そのものです。経済的にはもちろん、社会的にも価値がある栄養価値が高く、安全で健康に良い製品づくりが目指されています。

「水資源」もネスレの本業でしょう。ペリエをはじめ、世界で最も多くのミネラルウォーターを売っているネスレですが、それだけではなく、水がなければカカオやコーヒー豆は栽培できませんし、そもそもコーヒーを淹れることもブイヨンでスープを作ることもできません。効率的な水資源利用、汚染による水質悪化の防止、地下水の過剰利用制限など、自社だけでなくサプライヤーも含むバリューチェーン全体での水資源保護をネスレは推進しているのです。

「農業・地域開発」は直接的なバリューチェーンよりも広い意味での社会価値増大が目指されます。ネスレが原料を調達する国々の農業人口減少、高齢化、児童労働環境整備といった社会問題の解決です。単純作業の多いカカオやコーヒー豆の栽培などには子供の労

図4-2　ネスレのCSV

出所：http://www.nestle.co.jp/csv/whatiscsv（2017年11月27日確認）
①、②、③の吹き出しは筆者加筆。

働力は貴重で、ネスレにとっても大きな問題でしょう。サプライヤーの生活が不安定なままではいずれ、ネスレの基盤も怪しくなってしまいます。

この三つのCSV領域は、三つのレバーにバッチリ対応しています。つまり、「栄養」は**①次世代製品・サービス創造のCSV**、「水資源」は**②バリューチェーン全体の生産性改善のCSV**、「農業・地域開発」は**③地域生態系構築のCSV**となります。

ネスレのCSVがマイケル・ポーター論文より早いからくりですが、実はポーター教授はネスレのCSV諮問委員会のメンバーなので、ネスレはポーター理論を参考に戦略を立て、ポーター教授にとっては自分の理論実践場になっているという関係だそうです。

CSVはポーターの戦略論そのもの

さて、CSVを実現する三つのレバーを確認してきましたが、実はこれら①、②、③は、ポーター教授の競争戦略論そのものである、と名和教授は指摘しています。[※12] マイケル・ポーター理論を大きく三つにまとめてみると、次のような「製品・サービスによるポジショニング」、「バリューチェーンによる競争優位の戦略」、「産業クラスターによる国の競争優位」に分けられます。

「製品・サービスによるポジショニング」には、業界の魅力度を戦略構築に役立てるファイブフォースモデルがあり、魅力的な業界に関して、バイヤーとの力関係、サプライヤーとの力関係、新規参入業者の参入障壁、代替品の脅威、同業他社との競争関係という五つの力（ファイブフォース）で分析が行なわれます。

「バリューチェーンによる競争優位の戦略」はすでに説明した価値連鎖の話で、競争優位の源泉が価値連鎖モデルによって分析されます。具体的には、購買物流、製造、出荷物流、販売・マーケティング、サービスといった流れの中で、何処でどのように価値が生み出されるのかが分析されます。

「産業クラスターによる国の競争優位」は、ある地域に、特定分野の企業、業界団体・自治体などの関連機関が集積することにより、国・地域の競争力が高められていくという理論です。

こう見てくると、確かに「製品・サービスによるポジショニング」は①**次世代製品・サービス創造のCSV**に、「バリューチェーンによる競争優位の戦略」は②**バリューチェーン全体の生産性改善のCSV**に、「産業クラスターによる国の競争優位」は③**地域生態系構築のCSV**に、それぞれ見事に対応しています。三つのマイケル・ポーター理論とCSVの①、②、③という三つのレバーへの完全な対応は、ポーター教授の考えるCSVがなぜ、戦略的CSRなのか、つまり、どこが戦略なのか、を理解する上で重要な指摘と言えます。

戦略論者のポーター教授はCSVを発表して、社会貢献論者に宗旨替えしたのでしょうか。HBRの2006年論文では「戦略的CSR」という表現を用い、2011年論文では、戦略的ではなく、戦略そのものにしてしまおうという考え方を示しています。社会貢献といった善意、社会的責任といった受動的な姿勢ではなく、本業のど真ん中で社会課題を解決する事業を展開することによって初めて次世代の競争優位を勝ち取ることができる、「社会的課題こそ、次のメシ（経済的な価値）のタネ」というのがポーター教授のご意見なんだ、と名和教授は述べています。※13

■戦略的CSR、CSV、ストーリー性

筆者もこの意見に大賛成なので、名和教授のご本から長々と引用させていただきました。本書のCSRの考え方に対応させてみると、第3章で説明した**企業のための社会性**こそ、戦略的CSRであり、CSVと言えます。企業が社会のために行動する社会性の重要性は言うまでもありませんが、企業はすべての社会問題を解決することはできませんし、すべきでもないでしょう。それぞれの企業が、自社の存在意義に照らして、その製品・サービス領域というドメインに関連する社会問題を解決すべき、というのが筆者の意見です。関係のないところに寄付をしても、それは単なる寄付です。そしてそのような単なる

寄付は、儲かっている限りはできるかもしれませんが、儲からなくなればすぐにでもやめてしまうでしょう。それは寄付をされる方にとっても大きな迷惑にほかなりません。そう考えると、持続的に社会価値を生み出すためには、自社にとってもメリットがある経済価値をも同時に持つような社会への貢献でなければなりません。つまり戦略的であるべきなのです。

横浜市立大学の影山教授は、経営戦略としてのCSRを支える3ポイントとして、社会的意義、経営上の意味、ストーリーを挙げています。[※14] まず、CSRに社会的意義がなければ誰からも評価されません。しかしそれに経営上の意味があるか否かが重要であるとのご指摘です。経営上の意味がなければ、継続していくことは不可能でしょう。そしてそれを社内外のステークホルダーに納得してもらうにはストーリーが必要だというのです。戦略的でなければ継続できないという考え方ですが、それをどのようにステークホルダーに理解してもらうのか、そのためにはストーリーが必要という考え方には筆者も大いに賛同します。戦略性をどのように納得してもらうのかを考えるとき、CSVの三つのレバーに当てはめ、何処でどのように社会価値と経済価値が生み出されるのかを確認することは、大きなツールになると言えましょう。

■キリンのケース

最後に、日本企業のケースとして、キリンを見ておきましょう。[※15] ２０１３年にＣＳＶ本部が設立されました。もちろんキリンとしてはそれ以前からＣＳＲ活動を行なっており、事業を通じたＣＳＲという考え方を持っていました。しかし、ＣＳＲ活動を継続的に確実に行なうためには利益が必要であり、経済性も重要であるという考え方を確認し、それを社内にも社外にも示したい、という強い意志をトップが持っておられたとのことです。その方向に舵を切るんだという意味を込め、経済価値だけでなく、社会価値をも同時に実現するＣＳＶの考え方を取り入れ、それをきちんと実行していくことを社会に対してコミットメントとして明言するため、あえて、ＣＳＶを組織の名前にした、とのことでした。

キリンはＣＳＶコミットメントを発表し、酒類を扱う企業グループの前提として「酒類メーカーとしての責任」を挙げ、これを社内ではゼロ番地と称しています。そのうえで、重点的に取り組む社会課題として、「健康」、「地域社会への貢献」、「環境」を選定し、３＋１のコミットメントが出来上がりました（図４-３）。キリンのウェブサイトではこのコミットメントが国連の「持続可能な開発目標」（SDGs）（コラム４）に対応して整理され、いつまでに、どこまで実行するのかが明記されています。

図4-3　キリンのCSV

出所：http://www.kirin.co.jp/csv/（2017年11月27日確認）

キリンビールは1888年発売と言いますから、とても長い歴史を持つ商品ですが、それ以降、様々な酒類、清涼飲料、食品、そして医薬品を販売してきました。そこで求められるのはお客様の健康であり、心豊かな生活への貢献でした。「健康」を目指すというのはキリンにとって、本業の製品そのものに直結するCSV活動と言えましょう。

「地域社会への貢献」としては、例えば地域との一体感を高める全国47都道府県の「一番搾り」の開発・販売があります。地元の多くの方の意見を取り入れ、コミュニケーションをとり、地域コミュニティの活性化が目指されています。また特にホップに注目して、年々減少する日本産ホップを守るため、岩手県遠野産「一番搾り とれたてホップ生ビール」も毎年販売され、東日本大震災後の東北復興プロジェクトの一つとなっています。

「環境」では紙パック材料に森林資源保護につながるFSC認証を受けたものを用いたり、ペットボトルを回収して、再びペットボトルにする〝ボトル to ボトル〟の仕組みや、缶を薄くして省資源化やCO_2排出量削減・環境負荷抑制に貢献する、という取り組みがあります。以前であれば、質感が足らず、お客様になかなか受け入れられない、ということもありましたが、現在では環境意識の変化で、お客様の価値意識に合致するようになってきている、とのことです。これらの運動は材料の省資源だけでなく、それらを流通させる際の軽量化にもつながり、省エネルギーという効果も見込まれます。さらに、原料産地での持続可能性を高めるバリューチェーンへの取り組みでもあり、キリン自体にも経済的価値を生むCSVであることが判ります。

筆者は、これらの取り組みは「健康」が**①次世代製品・サービス創造のCSV**、「地域社会への貢献」が**③地域生態系構築のCSV**、「環境」が**②バリューチェーン全体の生産性改善のCSV**に該当し、まさにCSVへの取り組みそのものであると考え、実際の現場の感触をお伺いしました。すると林田CSV戦略部長によれば、確かに当初はポーター教授のCSV理論を勉強し、三つのレバーに対応させて考えてきたが、現在では厳密な区別はしないようになってきたとのことでした。実際には各種取り組みは相互に関連しており、三つのレバーの縛りでCSV活動を三つに分類する必要はないのではないか、と考えるようになったというのです。確かに、理論的には三つのレバーの考え方はCSV理解に必要であり、重要と言えますが、ひとたび理解してしまえば、実際問題としてはお互いの共通部分も多く、無理に分けないというキリン流の考え方にも大いに納得がいきます。キリンのCSVはオリジナルの理論からスタートし、それを自社なりに応用し、さらに進めた形でのCSVになって進化していると感じた次第です。

■社会的責任・CSR・CSVの関係

CSVとは何か、がだいぶ明らかになったと思います。この章の最後で、前章で作った収益性・成長性と社会性の関係の図（図3）にCSV、戦略的CSRを加え、社会的責任・CSR・CSVの関係をまとめましょう（図4-4）。

狭義の社会的責任が社会的責任ブームの社会性であり、受動的CSRもこれに該当します。**広義のCSR**が、**狭義の社会的責任**に加え、フィランソロピー・ブームの社会貢献、CSRブームの**企業のための社会性**すべてを含む社会性全体です。**広義の社会的責任**と言っても良いでしょう。

これに対して、現在のCSRブーム以降の**企業のための社会性**が、**狭義のCSR**、戦略的CSRであり、CSV、explicit CSRもここに入ります。ただし、implicit vs. explicitというマッテン教授とムーン教授の考え方は、受動的CSR vs. 戦略的CSRのように明瞭に区分されるものではなく、互いに交わる部分も多いとされていて、実際にはどちらかというとimplicit寄り、どちらかというとexplicit寄り、という〝程度の概念〟なので、図4-4の下にゲージで示してあります。[※16]

考え方としては、社会性は**企業のための社会性**であるべきで、社会的責任ブームの時のような下位目標であったり、フィランソロピー・ブームの時のような企業のロジックとは離れた世界でも望ましくない、というのは前章でも確認してきた通りです。

ただ、高度成長期に言われたような**狭義の社会的責任**やバブルの頃に登場した社会貢献・文化支援が不要というわけでは決してありません。単純な話、企業活動が社会に対してマイナスの影響を及ぼしているようなことがあれば、すぐに対処しなければなりません。必要があれば**狭義の社会的責任**は果たさねばならないので、受動的ＣＳＲは企業活動にとって必要条件と言えましょう。つまり、社会からの要請として、すべての企業が暗黙のうちに行なうimplicitなＣＳＲが必要条件と言っても良いでしょう。

ＣＳＶに対する懸念・反論として、ＣＳＶをＣＳＲにとって代わるものと考えて、受動的ＣＳＲ

図4-4　社会的責任・CSR・CSV

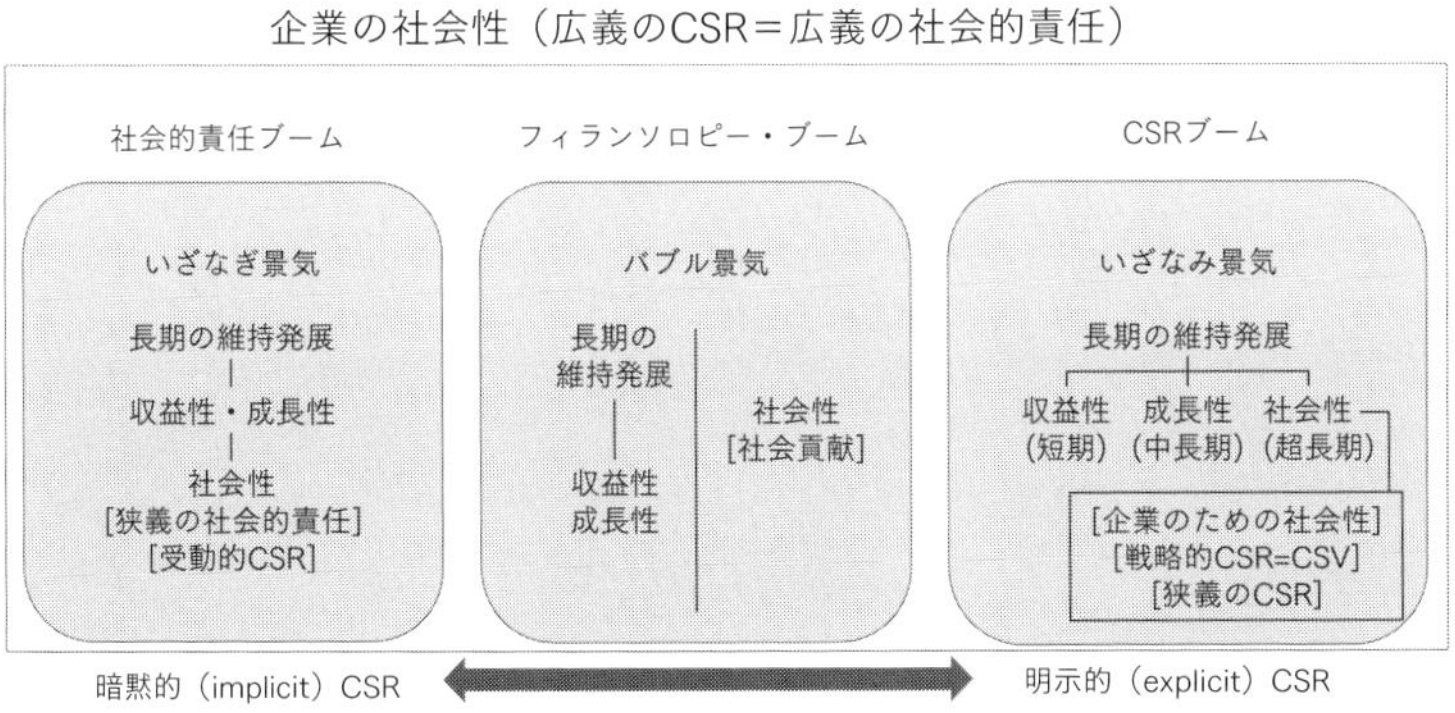

出所:筆者作成。

を企業が行なわなくなってしまうのではないか、という議論が多く見受けられます。[※17] ポーター教授の論文を読むと、この辺は微妙で、はっきり書いていないようにも思えます。社会性を単なる手段として考えている節もあり、社会性をより上位の目標と考えている表現も出てきて、論理に揺れが見られるからです。[※18] さらに、ポーター教授はCSRを、非常に狭く、古く、本書でいう**狭義の社会的責任**のように捉えている節も伺われます。確かにCSVだけやっていると、第3章でご説明した第1の社会問題（**一般的な社会問題**）への対処が入っていません。

筆者は、CSVはCSRにとって代わるものではなく、**広義のCSR**の一分野として、戦略として行なうもの、と考えています。それが、**企業のための社会性**です。これは企業のCSR活動として、**狭義の社会的責任**だけをやっているのであれば、それでは足らない、という意味でもあります。現代企業の社会的影響力の大きさとあらゆるステークホルダーへ影響と要求に十分応えているとは言えないからです。

フィランソロピー・ブームの社会貢献・文化支援は、やっても良いが、やらなくても良い、という分野です。すべての企業がやらねばならないものではありません。もちろん、社会的には価値のある行動なので、行なうことに意義はありますが、これまた、その企業にとってその必要があるのか、その企業のステークホルダーの要求に応えているのか否かがポイントでしょう。

願わくは、その企業が行なう意義がはっきりしていて、その企業のステークホルダーの多様な要求に応えられるような社会貢献・文化支援が望ましいと言えます。そして、もしそうであれば、それは戦略的CSRの範囲に入ってきます。そこで登場するのが**企業のための社会性**でありCSVなのです。

戦略として実行するほうが、企業もより積極的になりますし、社会にとってのメリットも、時間的にも、質的にも大きくなるでしょう。考えなくてはならないのは、それが戦略的CSRとなり、事業との関連性が高まることなのです。つまり、explicit な戦略的CSR、またの名をCSVと言えます。

戦略なので、すべての企業が同じことをやる必要はなく、また同じこともできません。むしろ、それぞれの企業が自社の強みを活かす形で社会性を高めることができれば、それがCSV、戦略的CSR、**企業のための社会性**なのです。

Column 4　持続可能な開発目標ＳＤＧｓ

２０１５年９月、国連サミットで「持続可能な開発目標 Sustainable Development Goals: SDGs」が採択されました。これは21世紀初頭に作られた「ミレニアム開発目標 Millennium Development Goals: MDGs」の後継版で、２０３０年に向けて持続可能な開発に関する地球規模の優先課題や世界のあるべき姿を明らかにし、全世界一丸となってその世界の実現に取り組もうという共通目標です。17の目標とより細分化された１６９のターゲットが示されています（図参照）。

　これらの目標は、主に国レベル・政府レベルが対象となっているので、非

持続可能な開発目標SDGs

出所：http://www.unic.or.jp/files/sdg_logo_ja_2.pdf（2018年1月29日確認）

常に多くの目標とターゲットが示されていますが、その達成は企業の行動にも大きく依存します。個別企業がすべての目標に取り組まねばならない、ということはありませんが、その重要性を理解し、優先課題を設定し、独自の取り組みをすることが各企業に求められています。

[註]

※1 Porter & Kramer [2002; 2006; 2011].

※2 名和高司 [2015]。

※3 ゲマワット [2009]。

※4 Porter & Kramer [邦訳 2011] 11ページ。

※5 名和高司 [2015] 15~16ページ。なお、①②③の三つのレバーは【オリジナル論文およびその日本語訳】では下記のようになっているが、名和教授の説明がわかりやすいので、本書ではそれを採用させていただいた。

①次世代製品・サービス創造のCSV
【Reconceiving Products and Markets：製品と市場を見直す】
②バリューチェーン全体の生産性改善のCSV
【Redefining Productivity In the Value Chain：バリューチェーンの生産性を再定義する】
③地域生態系構築のCSV
【Enabling Local Cluster Development：地域社会にクラスターを形成する】

※6 赤池学・水上武彦 [2013] 26~27ページ。

※7 Porter & Kramer [邦訳 2011] 16ページ。

※8 Porter & Kramer [邦訳 2011] 20ページ。

※9 Porter & Kramer [邦訳 2008] 48~49ページ。

※10 矢口義教 [2014] 114~115ページ。

※11　名和高司［2015］36～42ページ。

※12　名和高司［2015］16ページ。

※13　名和高司［2015］ivページ。

※14　影山摩子弥［2013］２４３～２４８ページ。

※15　本ケース作成に際し、インタビューに応じて下さった林田昌也氏（キリン株式会社執行役員　ＣＳＶ戦略部長　兼　キリンホールディングス株式会社　グループＣＳＶ戦略担当ディレクター）、堀口英樹氏（キリンビバレッジ株式会社　代表取締役社長　兼　キリン株式会社　常務執行役員　兼　キリンホールディングス株式会社　グループＣＳＶ委員会委員）に深く感謝いたします。

※16　例えば、全世界的に見れば、implicitなヨーロッパ企業、explicitなアメリカ企業という関係からして、カナダの企業も北米に位置して文化的にアメリカに近いのでexplicitと言えるが、アメリカ企業とカナダ企業のみを比較すると、explicitなアメリカ企業に対してimplicitなカナダ企業と考えられる、という研究がある。Thorne et al.［2017］.

※17　例えば、学問的批判として、Crane［2014］、実践的批判として「ＣＳＲとＣＳＶに関する原則」アジア・太平洋人権情報センター＆ＣＯＳネットワーク http://www.csonj.org/csr-csv/pdf/csr-csv.pdf（２０１７年11月27日確認）などがある。

※18　岡田正大［2015］42～43ページ。

Chapter 5

「三方よし」とCSV・CSR

三方よしという言葉をご存知でしょうか。近年、日本版CSRの原点の一つとしてよく聞かれます。近江商人の考え方として、商いを行なう際、自分にとって良いことを行ない、それが相手にとっても良いこととなり、さらに世間の皆にとって良いこととなるべく行動する、これを「売り手よし、買い手よし、世間よし」の三方よしというのです。

こう聞くと、CSRを考える際、本書で確認してきたように、昔のような負の行動をカバーする消極的な**狭義の社会的責任**遂行や、バブル時代の陰徳の美に代表される社会貢献ではなく、マイケル・ポーター教授のCSVや自社の利益にも繋がる戦略的CSRなどの考え方は、実は古くから日本にもあったのではないか、ということになります。確かに共通点は多いように感じますが、実はいろいろな議論も多いのです。ここではまず、三方よしとは何かを確認し、その上で、CSV・CSRとの比較を行なってみましょう。

■近江商人の「三方よし」

そもそも近江商人とは誰のことを言うのでしょうか。近江商人とは、江戸時代から明治時代まで300年以上にわたり、日本国内の商圏を順次拡張した「八幡商人」、「日野商人」、「湖東商人」、「高島商人」の総称です。[※1]

彦根藩を中心とした湖東商人の伊藤忠兵衛は伊藤忠商事・丸紅の創業者であり、高島商人の高島屋飯田呉服店は高島屋百貨店となりました。その他にも、現代の日本企業に多大なる影響を与えた近江商人たちが、西川産業、小泉産業グループ、コスギ、ワコール、東洋紡、日本生命[※2]などを生み出しています。

ところで近江商人とは、近江の地元の商人とは区別され、近江国から他国（日本各地）に出かけていって出店を構えるなど、他国で商業活動を展開した商人を指しています。[※3] 地縁も血縁もない土地で商売を続けていくことが彼らの使命でした。そのためには地域の信頼が欠かせません。現代社会と違って公共交通機関もビジネスホテルなどもない時代、いろいろな人々の世話にならずには旅が続かず、商売もできず、生きて行けない。すなわち彼らにとって「世間よし」は不可欠であり、そうでなければ生きていけなかったのです。

また、近江の地は、比叡山の半分が位置していることもあり、天台宗、浄土宗、浄土真宗のお寺がたくさんある信仰の厚い土地柄と言えます。近江商人はみな熱心な仏教徒で、自己の利益よりも他人とともに利益を取得することを優先としていたと言われています。[※4]

ここからも三方よしの考え方が伺われます。例えば、伊藤忠商事・丸紅の創業者の伊藤忠兵衛の座右の銘は「商売は菩薩の業、商売道の尊さは、売り買いいずれをも益し、世の不足をうずめ、御仏の心にかなうもの、利真於勤」であり、全店員に親鸞上人の教えを持たせて、店員一同と朝夕仏壇に向かって念仏をあげていたそうです。[※5]ここで「利真於勤」は「りは　つとむるに　おいて　しんなり」と読み、利益は商人本来の勤めを果たした結果としてのみ得られるものであり、自分だけの利益を考えてはいけないという意味です。[※6]

そのためか、近江商人の多くは、現代でいう社会貢献活動に熱心で、村落集団の中核とされた各地の神社仏閣の造営、治山治水、学校教育、常夜灯の建設、貧しい人々の救済などのために巨額の寄付をしました。[※7]利潤は社会から得られたもの、社会への貢献があってこそ自分たちの商いも価値あるものになるという考え方です。[※8]

■実は新しい「三方よし」

こう見てくると、三方よしという考え方は近江商人に共有され、何百年も前から日本に根付いてきた考え方、と思われるかもしれませんし、実際、そのように理解している読者の皆さんも多いのではないでしょうか。実は三方よしは、意外にも新しいフレーズで、そもそも、売り手よし、買い手よし、世間よしという言い回しは近江商人が残したものではないと言われています。この辺の事情を以下で確認してみましょう。

もともとは、近江（八幡）商人の中村治平兵衛（二代目）の文章が三方よしの原典とされています（図5-1）。これは1754年（宝暦4年）制定の家訓である、と井上政共『近江商人』に記載されています。[※9]それによると二代目 中村治平兵衛は三代目が早世してしまったため、孫娘の娘婿である四代目 中村治平兵衛に遺言を残したとのことです。

図5-1右上、三つ目の一の部分の現代語訳によれば、「たとへ他国へ商内に参候《さんぞろう》ても……」、「自分のことよりも先ずお客のため」、「一挙に高利を望まず」、「ひたすら先の地方の人々のことを大切に思って商売をしなければなら

図5-1　三方よしの原典とされる中村家の文章

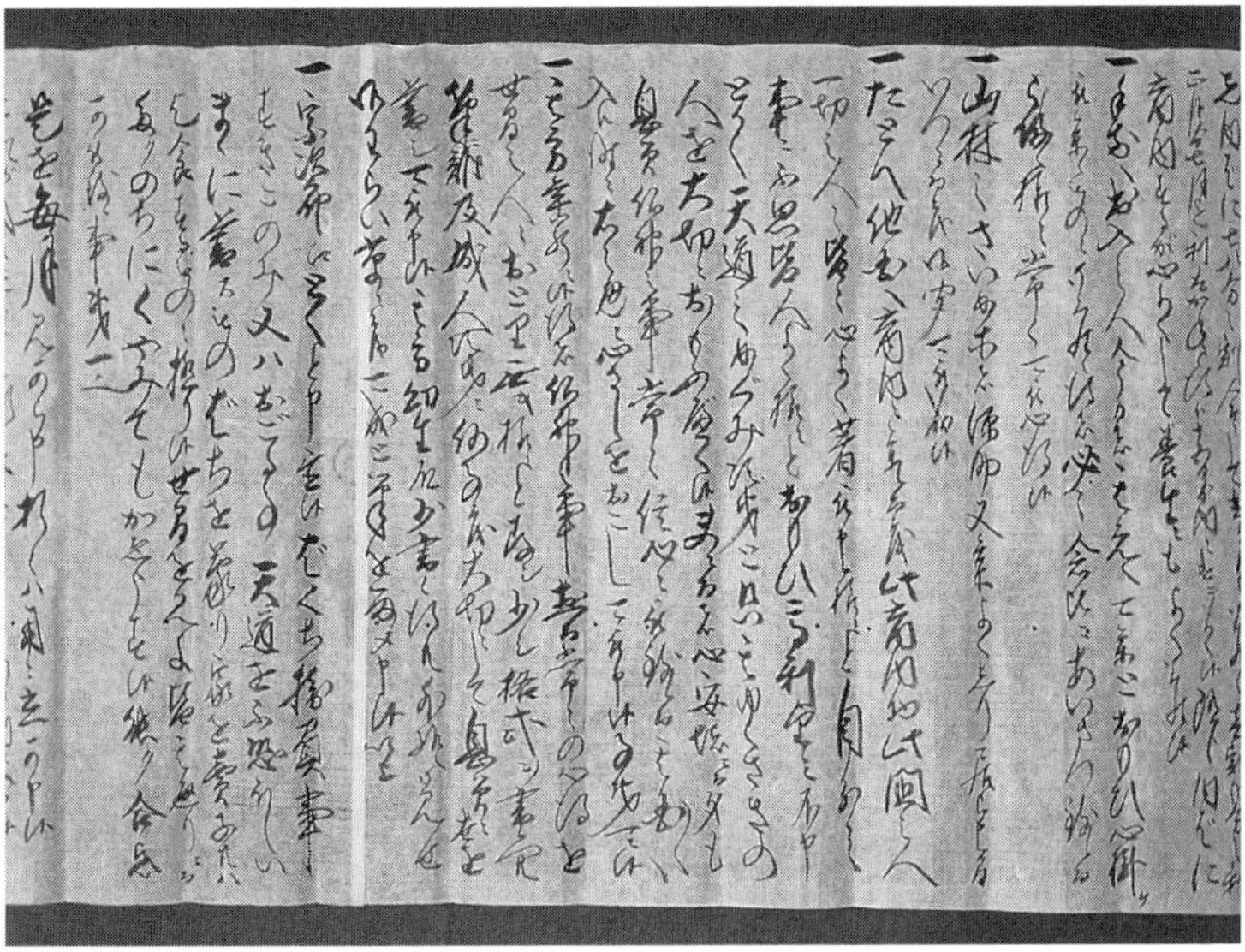

出所：「三方よし」の原典となった中村治兵衛宗岸の書置（個人蔵）。
画像提供：NPO法人三方よし研究所。

ない」とあります。[※10] 四代目 中村治平衛は当時わずか15歳であったとのことで、懇切丁寧に商売の仕方が解説されています。当時の商人に求められたのは地元の商品を他国に流通させることでしたが、非常に利益率が低く、現代風に言えば薄利多売、回転率で稼ぐ商売であったそうです。それが「一挙に高利を望まず」ですね。ゆえに「先ずお客のため」、「ひたすら先の地方の人々のことを大切に」となっていて、三方よしの考え方が伺われます。しかし「売り手よし、買い手よし、世間よし」の「三方よし」というキーワードはどこにも見当たらないのです。

■「三方よし」登場

三方よしが初登場するのは滋賀大学の小倉榮一郎教授による『近江商人の経営』です。この書籍の50ページ以降に「近江商人経営の骨組　利は余沢、三方よし」という節があり、[※11] 前述の近江商人・中村家の家訓が引用され、当時の状況が解説されています。近江商人は利益を追わず、まずお客のため、先の地方の人々のために商品を流通させることが重要であり、その結果として、余りものとして利益を頂ける、という考え方です。これらの話を一言でまとめたのが近江商人の理念として「有無相通じる職分観、利は余沢」だというのです。ここで職分というのは、支配権力である武家が商人に与えた職業任務のことで、有無というのは、物流を示していて、利益よりもまずは商品を物流させることこそ、商人の勤めである、という意味になります。しかしこの言葉では難しすぎるので、もっと易しく言うと、「売り手よし、買い手よし、世間よし」の「三方よし」といえる、というのが小倉教授の主張でした。これが三方よしの起源です。そしてこれは1988年（昭和63年）の著書であり、中世以来の日本の考え方どころか平成直前の出版なのです。

さらに言うと、三方よしというフレーズが世の中に広まったのは平成に入ってからのバブルの頃です。1991年、滋賀県で開催された世界AKINDOフォーラムで西武の堤清二氏が「三方よし」を知り、その後に新聞インタビューでそれが紹介されたことで、一気に全国レベルの言葉になったのです。[※12] 実は、三方よしは、非常に新しいフレーズと言えます！[※13]

■「三方よし」の原典発見は平成10年

三方よしが非常に新しいフレーズであることをお分かりいただけたでしょうか。これにはもう一つ後日談があります。以上で確認してきたように、三方よしは1890年（明治23年）の井上政共『近江商人』で紹介された中村家の家訓が原典であり、それが1988年（昭和63年）の小倉榮一郎『近江商人の経営』で引用されて、三方よしとなった、というのが定説です。しかし両書には「中村家の家訓」の文章は出てくるものの、それがどこにあり、どのようなものであったのかの記述はなく、出典もありません。両著者ともすでに故人であり、どこで「中村家の家訓」を見たのかは謎であり、長年の間、研究者はその原典を捜し求めていたのです。そしてそれが見つかったのは1998年（平成10年）なのです（図5-2）。

AKINDO委員会のメンバーであり近江商人郷土館の館長で同志社大学の末永國紀名誉教授のグループが神戸の中村家子孫宅から中村治兵衛の「書置」を発見しました。[※14]当初はそれが「中村家の家訓」の文章とは異なるものなので、さらに「家訓」の発見が待ち望まれました。しかしその後、末永名誉教授の調査により、井上氏の本に出てくる「家訓」は

図5-2 「三方よし」原典発見

近江商人の経営理念

「三方よし」原典発見

江戸中期の遺言書
神戸の子孫宅から

近江商人の経営理念「三方よし」の原典が見つかった――。滋賀県と県内の経済人らで構成するAKINDO委員会（稲葉稔理事長）は二日、江戸中期の五個荘の商人、中村治兵衛宗岸が一七五四年に記した遺言文書＝写真＝を、神戸市在住の子孫宅で発見したと発表した。

内容は岩手県士族の井上政共が一八九〇年に著した列伝「近江商人」で中村治兵衛家の「家訓」として紹介したもの。「売り手よし、買い手よし、世間よし」の「三方よし」の精神として知られるようになったが、原史料の所在は不明だった。

文書は七十歳の宗岸が十五歳の養子に商いの心得や遺産相続などを書き残した書き置きで、二十四カ条からなる。「たとえ他国へ行商に参り候ても、この商内物、この国の人 一切の人々、心よく着申され候ようにと、自分の事に思わず、皆人よき様にと思い」などと「三方よし」の原型となる考えが記されている。

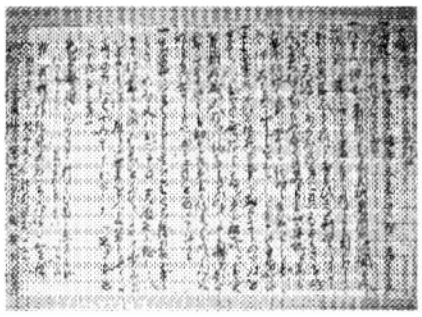

末永国紀同志社大教授（日本経済史）は「商人の体験がにじみ出た肉声を聞くような表現だ。他国に根付いて商売をする近江商人の商道徳の精髄が示されている。国際化に直面する現代の企業にも通用し、意義深いものだ」と話している。

出所：日本経済新聞　京都滋賀地方経済面（1998年3月3日）。

今回発見された「書置」を元に、井上氏が簡潔に書き直したものであることが判明したのです。これは「家訓」の文章が明治時代以降に使われた単語や言い回しを多く含んでいて、とても中村治兵衛時代のものとは言えない、という事実から判明したといいます。そのような経緯で、(図5-1)の「書置」こそが、三方よしの原典である、ということになったのですが、それは平成10年のことだったのです。

■「三方よし」とCSV・CSRの共通点

それでは三方よしとCSV・CSRとの比較を考えましょう。まず共通点ですが、すでに第2~第4章で述べたように、**企業のための社会性**では経済性(収益性・成長性)と社会性を、CSVでは経済価値と社会価値を同じレベルの企業目標として掲げています。売り手よしと買い手よしは経済性・経済価値、世間よしは社会性・社会価値と言え、これらの考え方に違いはありません。同様の主張がIHI・王子製紙・帝国ホテル・東洋紡・みずほ銀行をはじめ、日本の多くの企業の設立と経営に携わり、道徳経済合一主義を唱えていた渋沢栄一の『論語と算盤』にも見られます。論語が倫理・道徳といった社会性で、算盤は自社の利益となる経済性と置き換えることができ、その両輪が必要というのが渋沢の道徳経済合一主義です。※15 このように考える限り、三方よし、論語と算盤といった日本独特の企業観・経済観と現代のCSV・CSRには相通ずるものがあると言えましょう（図5－3）。

■ステークホルダー論とも共通点がある

この考え方は、現在のステークホルダー理論との共通点であるとも言えます。売り手、買い手、世間というすべてのステークホルダーを考慮する三方よしは、企業がお客様や従業員、地域社会、取引先などのステークホルダーとともにWin-Winでメリットを分かち合うCSV経営[※16]と見事に重なります。近江商人由来の代表的企業の一つである伊藤忠商事のウェブサイトにも〝「三方よし」は、「売り手よし」「買い手よし」に加えて、幕藩時代に、近江商人がその出先で地域の経済に貢献し、「世間よし」として経済活動が許されたことに起こりがあり、「企業はマルチステークホルダーとの間でバランスの取れたビジネスを行うべきである」とする現代サステナビリティの源流ともいえるものです〟と記されています[※17]。

図5-3　三方よしとCSV・CSRの共通点

売り手よし、買い手よし（算盤）	：	経済性
世間よし（論語）	：	社会性
→　三方よし（日本企業の価値観）＝ＣＳＶ・ＣＳＲ		

出所：筆者作成。

■「三方よし」は従業員満足から始まる？

ところで三方よしは、真っ先に「売り手よし」があり、やはり所詮は自分が最初なのではないか、という指摘もあります。これに対しては、前述の三方よし研究家の末永名誉教授は、自分のことが最初、という解釈ではなく、お客様に満足していただくには、まず、従業員が満足しなければならないということだ、という解釈を提示されています[※18]。つまり、売り手とは自社という意味ではなく、働き手であり、今風に言えば、CS（顧客満足）よりもまずES（従業員満足）という解釈です。三方よしの順番に関してはあまり議論もなく、この解釈にも特に反対はありません。とはいえ、少なくとも、この点も現代の考え方に通ずるものがあると言えそうです。

■「三方よし」とCSV・CSRの相違点

最後に、相違点も確認しておきましょう。三方よしの「世間」とは何を意味するのでしょうか。CSV・CSRでいう、社会価値、社会的責任と同じでしょうか。早稲田大学の谷本教授によれば、世間よし、は社会価値だが、ここで言う世間は非常に狭いとのことです。[※19] 近江商人が全国を売り歩くときに、接する社会が世間ということになりますが、行商において訪問する他国のことで、なんらかの関係を持っている、あるいは持つことになる人々との狭い関係を指していて、そのような意味では非常に限られた排他的な「世間」であり、それ以外の「世間」のことは意味していないというのです。

■社会の広さは
世間よし ∧ CSVの社会価値 ∧ 広義のCSRの社会

もちろん第1章で述べた**広義のCSR**でいう社会はもっと広い社会を想定しています。地域社会、一般社会、さらに地球環境をも含んでいます。本業関連の世間・社会という意味ではCSVと同じですが、それにしても三方よしの世間は狭い。時代背景が違うので、バリューチェーンは（もちろん当時、バリューチェーンという用語はありませんが）とても狭いと言わざるを得ません。ましてや第3章の戦略的CSRの節で述べた、三つ目の社会からの自社への影響、という概念はありません。世間と社会の広さで言えば、

世間よし ∧ CSVの社会価値 ∧ 広義のCSRの社会

と言えましょう。三方よしの世間が最も狭く、**広義のCSR**の社会が最も広く、戦略との

関連を考えるCSVの社会がその中間になるのです。

■「三方よし」には現代的アレンジが必要

もう一つの近江商人の価値観とCSV・CSRの相違点として「陰徳善事」があります。これは「三方よし」とは異なり、近江商人が書き残した言葉として知られています。[※20] 良い行ないは売名行為にならぬよう、陰で行ない、自分の利益は考えないというものです。しかし現在のCSV、戦略的CSRはそのような考え方をしません。そこで杏林大学の田中教授、伊藤園の笹谷氏[※21]は発信型三方よし、という言い方をして、現代的なアレンジの必要性を提唱しています。田中教授によれば、三方よしでは陰徳善事であったが、現代企業においては、財務情報のみならず非財務情報の開示拡充が要請されており、ステークホルダー・エンゲージメントが志向され、数多くのステークホルダーの期待と要望に応えていくことが今日の企業活動にとって必須の条件とのことです。[※22] 笹谷氏も、陰徳善事は日本人の美徳とされてきたが、グローバル化で日本企業も的確な発信が求められているので、発信面で「三方よし」を修正する必要があると述べておられます。[※23]

両氏のご指摘どおり、陰徳善事を前提とする「三方よし」には現代的アレンジが必要でしょう。すでに第3章でも指摘したとおり、陰徳の美の時代ではないと筆者も考えています。

確かに、陰徳の考え方、陰徳の美はいかにも日本的ですが、しかしながら、実はもともと中国の言葉であり、陰徳陽報という四文字熟語であった点も見逃せません。「陰徳」は、陰で徳を積むことであり、「陽報」とは、はっきりと現れるよい報いのことを指しています。これは紀元前の『淮南子・人間訓』による「陰徳有る者は、必ず陽報有り。陰行有る者は、必ず昭名有り（人知れず徳を積む者には必ず誰の目にも明らかなよい報いがあり、隠れて善行をしている者には必ずはっきりとした名誉があるものだ）」とあるのに基づきます。そのような意味では、元々の意味は現在の発信型に近い意味があったとも考えられるのです。

少々脱線しましたが、相違点の話に戻れば、日本企業の価値観としては、自社のみならず、社会全体の進化の実現を想定し、かなり広めの社会を想定したＣＳＲを考える企業も多いのですが、ＣＳＶにおいては社会課題を解決することを通じて、自社にとっての大きな収益機会を獲得するという考え方で、つまるところ、戦略そのものです。このように考えると、三方よしはＣＳＲよりもＣＳＶに近いとも言えます。近江商人の残した言葉として陰徳善事をすでに紹介しましたが、近江商人・五個荘金堂の塚本喜左衛門家に伝わる家訓として、「積善之家必有余慶」があります。これは「積善の家に必ず余慶あり」と読み、善い行ないをすれば、必ず、思いがけない慶びごとがやってくるという意味です。[※24] まさに、情けは人の為ならず、発信型の三方よしも、ちゃんと近江商人の考え方に見ることができるのです。

［註］

※1 近江商人博物館の展示より（２０１７年6月17日筆者訪問）。なお、本章執筆のため、他にも近江八幡市立資料館、伊藤忠兵衛記念館などを訪問して情報収集を行なった。その際、同行・協力をして下さった、慶應義塾大学商学部佐藤和教授、専修大学経営学部馬場杉夫教授、リンジーアドバイス株式会社渡辺林治代表取締役社長の皆さまに感謝いたします。

※2 同上。

※3 ＮＰＯ法人三方よし研究所［2010］12ページ。

※4 同書１１８〜１１９ページ。

※5 同書１２０ページ。

※6 同書２３２ページ。

※7 同書１４０ページ。

※8 谷本寛治［2014］31ページ。

※9 井上政共［1890］39ページ、末永國紀［1998］４ページ。

※10 末永國紀［1998］９ページ。

※11 小倉榮一郎［1988］50〜54ページ。

※12 有馬敏則［2010］１５３ページ。

※13 さらに細かい議論に関しては、宇佐美英機［2015］参照。例えば、売、買、世間という語は伊藤忠兵衛の座右の銘（※5）にあり、小倉［1988］でも参照されているので、三方よしはそこからヒントを得ているという説。宇佐美英機［2015］35ページ。

※14 末永國紀［1998］4〜11ページ、［1999］25〜56ページ。

※15 渋沢栄一［2010］、渋沢栄一記念財団 https://www.shibusawa.or.jp/（２０１７年11月27日確認）。

※16 水尾順一［2015］26ページ。

※17 伊藤忠商事 https://www.itochu.co.jp/ja/csr/itochu/philosophy/（２０１７年11月27日確認）。

※18 末永國紀［2016］12ページ。

※19 谷本寛治［2014］35～37ページ。
※20 三方よし研究所（陰徳善事）http://www.sanpo-yoshi.net/about/concept.html（２０１７年11月27日確認）。
※21 伊藤園常務執行役員／ＣＳＲ推進部長。
※22 田中信弘［2015］１２４ページ。
※23 笹谷秀光［2015］１５６ページ。
※24 近江商人博物館の展示より（２０１７年6月17日筆者訪問）。

Chapter 6
統合報告書の役割

社会性の重要性がますます明らかになってきました。社会的責任遂行活動、ＣＳＲ活動は現代企業にとって必須といえます。しかし単に活動を行なうだけでなく、それを発信するという現代的アレンジも重要であることも確認できました。伊藤園常務執行役員の笹谷氏は「やっていることは一緒でも国際指標を使い世界に発信することが大事」と指摘しています。※1

本章ではその具体策として近年注目を集めている統合報告書について見ていきましょう。

■統合報告書の増加

近年、統合報告書を発行する企業が増加しています。統合報告書の細かい定義は後ほど見ていきますが、一言で言えば、従来、企業が発行してきたアニュアルレポートなど財務情報を中心とした報告書と社会責任報告書・ＣＳＲ報告書・サステナビリティ報告書など非財務情報を中心とした報告書を統合したものです。

企業価値レポーティング・ラボによれば、２０１７年に統合報告書を発行している日本企業は少なくとも３２５社であり、２００４年度以降、着実に年々増加しています（図６-１）。従来は統合報告書の定義は公式には定まっていなかったので、これは統合レポートであること、財務・非財務情報を総合的に開示している等を表明している企業をカウントしたもの（自己表明型）となっています。

　よりダイレクトにアンケート調査した東洋経済新報社のＣＳＲ調査によれば、統合報告書を発行している企業は２０１社となっています[※2]。東洋経済新報社によれば、研究開発・製造期間が長く、投資効果が財務上現われるのに時間がかかり、投資家による長期視点の企業評価が求められる業種、例えば製薬業などに多いそうです[※3]。

図6-1　日本の統合報告書発行状況

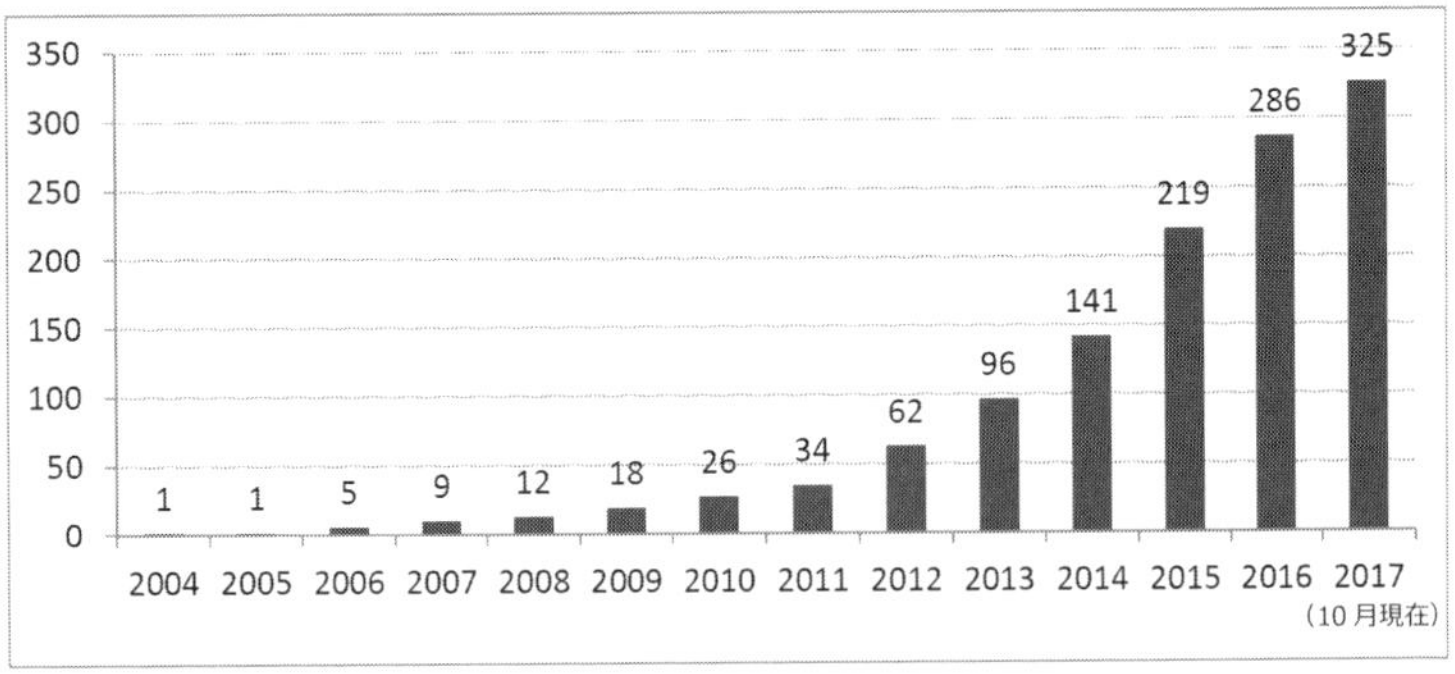

出所：企業価値レポーティング・ラボ http://www.cvrl-net.com/（2017年11月10日確認）

■市場で測れない無形資本の重要性が増す企業経営

なぜ統合報告書が注目されるようになってきたのでしょうか。その背景・必要性はどのようなところにあるのでしょうか。まずは、企業経営の変化が挙げられます。財務情報で表示される財務的・物的資本に対して、人的・知的・社会関係資本といった無形資本の企業価値に占める割合が高まってきた、という変化です。

例えば、2011年にIIRC（国際統合報告評議会）[※4]が公表した資料（discussion paper）[※5]によれば、S＆P 500のマーケットバリュー（資本市場で計測される株価の時価総額）を100％としたときの物的・財務的資産の割合は、1975年の8割超から急速に低下し、2009年には2割を切っています（図6-2）。

マーケットバリューというのは市場で評価される企業の価値で、これは時価総額（株価×発行済株式数）で計算されます。株価は投資家の市場での企業評価を反映するわけですが、その際、お金で測ることのできる物的・財務的資産の価値（A）に加えて、目には見えない人的・知的・社会関係の価値（B）も評価対象になっていると考えられます。図6-2では縦軸にマーケットバリューを100％で示したときの（A）と（B）の割合を示しています。上のほうの濃い部分が（A）で、年々、その割合が減少しているというのです。

これは、財務情報のマーケットバリューに対する説明力が大きく低下する反面、非財務情報の有用性が高まっていることを如実に示しています。

日本企業のケースを見てみると、2002年の経済産業省ブランド価値評価研究会報告書では、日本の上位企業の株式時価総額に占めるタンジブルズは7割程度であり、3割はインタンジブルズである、としています。[※6] これは図6-2の1985年のアメリカの状況に該当し、当時から、日本の状況はアメリカの20年遅れ、と言われていました。その後のデータは手元にないのですが、アメリカでは1985年から10年で7：3が3：7に逆転していることを考えると、日本でも現在は同様

図6-2　低下する物的・財務的資産の割合

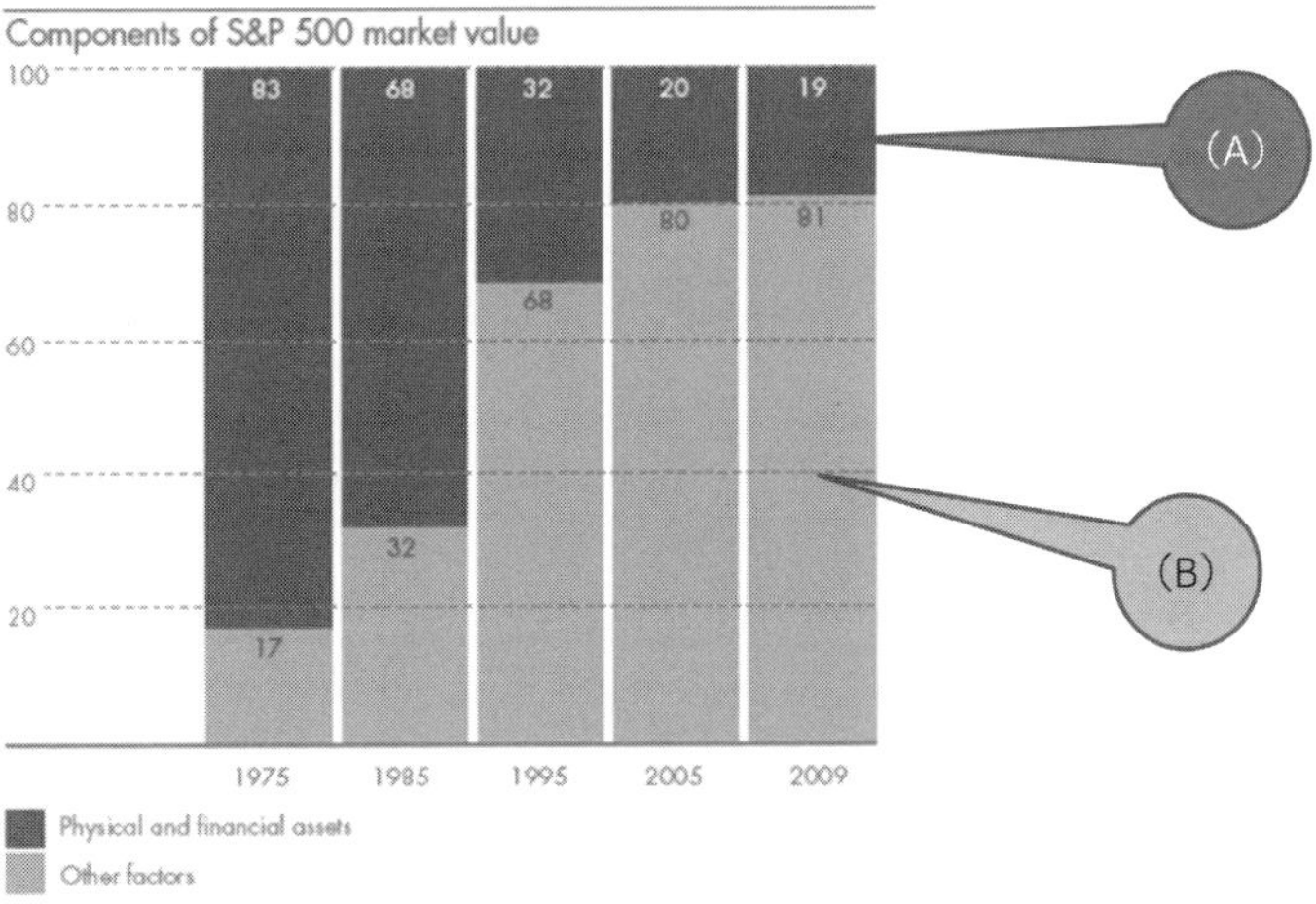

出所：IIRC[2011]p. 4.(A)と(B)は筆者加筆。

の状況であることが十分予想されます。

伝統的な工業化時代は生産力の勝負で、規模の生産性という経済法則が支配的でした。長く続いた右肩上がりの成長環境の中で、設備やヒトや資金を先行的に囲い込んでおけば利益は後からついてくるという構造だったわけです。つまり物理的なヒト・モノ・カネというタンジブルズの確保が重要で、これが上記の（A）の部分といえます。ところが現在はグローバリゼーション、低成長、競争の激化と大きく環境が変化し、従来のような資本効率の低い経営は許されなくなってきています。つまりタンジブルズを蓄積して規模の生産性で勝負することはできません。自社ですべてを囲い込む垂直統合型企業よりも、バリューチェーンをうまく使うネットワーク型企業が優勢な時代といえ、従来の物理的リンクからバーチャルなインタンジブルのネットワークへと変化してきていると言えましょう。

■財務情報だけでなく多様な情報が求められている

この変化に関連した統合報告書の必要性の2点目としては、財務情報の説明力低下と情報ニーズの多様化が挙げられます。企業に求められる情報が財務に限定されず様々になり、数多くの報告書が発行されています。年次報告書だけでなく、環境報告書、社会責任報告書、CSR報告書、サステナビリティ報告書……。情報があふれ、多すぎ、各報告書で重複する箇所も多く、ムダも生じているのです。IIRC（国際統合報告評議会）のポール・ドラックマンCEO（当時）はこの状況に対して、fatigue、つまり企業は報告書作成の雑務が多すぎ、疲弊状態だ、no more reporting、と発言していました。[※7]

■短期志向の投資家の増加

統合報告書の必要性の3点目は、金融市場の短期志向と持続可能性への危機感です。アメリカで80年代に指摘されたショート・ターミズムと言われる短期志向の投資家がリーマンショック以来大幅に増加し、長期の持続可能性へ関心の低さが指摘されています。[※8]このような投資家に対しても、短期志向から長期志向への転換を促し、長い目での投資、持続可能性を考慮した投資を求める声が強くなっているのです。

■社会性の重要性と統合報告書の有効性

では実際に統合報告書を発行するとどのようなメリットが得られるのでしょうか。統合報告書の有効性を考える際、第1に挙げられるのが企業の社会性の重要性です。

すでにご説明したように、筆者は良い企業の基準として、儲かって伸びているという従来の高収益性・高成長性基準に加え、高社会性という基準が必要になってきていることを常々主張してきました。[※9] 企業が自らの企業活動に専心し、生み出す財・サービスを長期的に提供していくためには売上を伸ばし、利益を上げ続けていく必要があります。逆に言えば、売上が増え、利益が出ているということはその企業の活動が世の中に認められ、その財・サービスがニーズに対応していることの証、とも言えます。したがって、高収益性・高成長性は良い企業であることの基準として、現在でも決して否定されるものではありません。しかしながら現代企業の、特に大企業の社会的影響力の大きさを考えると、もはや自分だけが儲かっていて伸びている、というのは許されない状況であり、社会の一員として社会に対するプラスのパフォーマンスも必要である、というのが高社会性基準なのです。財務情報に加え、様々なステークホルダーとの関係をも報告する統合報告では、この社会性の重要性が長期の企業価値創造との関係で明記されることになります。

また筆者は、収益性・成長性・社会性という三つの基準を良い企業の基準として主張しますが、全く同列という訳ではなく、短期的収益性、中長期的成長性、超長期的社会性という時間軸を考えていることもすでにご説明したとおりです。[※10] 統合報告書においても新たな時間軸が企業の報告書に盛り込まれます。従来のアニュアルレポートは収益性・成長性を中心とする財務情報で、これらはいわば過去の情報と現在の情報です。これに対して長期の価値創造を標榜する統合報告書においては将来の価値創造が問題となり、過去・現在に加え、未来という時間軸も報告書に盛り込まれることになるのです。

ところで、欧州委員会によるCSRの新しい定義が2011年10月25日に発表され、そこでは「CSRは企業の社会への影響に対する責任であり、株主と広く社会やその他のステークホルダーとの間で『共通価値の創造』を最大化すること」となっています。これは企業の価値と社会の価値を両立しうる「共有価値の創造」が重要であるというCSVの考え方が盛り込まれた定義であり、ここでも社会性の重要性が確認できます。

■統合思考によるサイロの打破

もう一つの統合報告書作成の有効性としては統合思考（Integrated Thinking）が挙げられます。IIRCによれば「統合思考は、組織内の様々な事業単位および機能単位と、組織が利用し影響を与える資本との間の関係について、組織が能動的に考えることである。統合思考は短、中、長期の価値創造を考慮した、統合的な意思決定と行動につながる。[※11]」となっています。つまり、統合思考とは、組織内の様々な部門が議論し、情報を交換し、企業の全体像を短期・中期・長期の価値創造との関係で考え、意思決定することと言えます。

現代企業、そして特に大企業にとっての大きな問題点の一つとしてサイロの打破ということがよく言われます。[※12] サイロとは情報システム関係で21世紀に入ってから、特にここ10年くらいでよく用いられる言葉です。本来はもちろん、家畜飼料・穀物などの貯蔵庫や地下につくられたミサイル格納庫などを意味しますが、ここでは企業内の部門が情報交換をせず、自分の部門のみのことを考えて自己中心的な仕事をする状況を表わしています。[※13]

統合報告書との関係で言えば、企業内の様々な部門が協力しないと作成できないので、必然的に財務諸表作成の経理部、アニュアルレポート作成の投資家情報のIR部・広報部、CSR報告書作成のCSR部、環境報告書作成の環境部など、複数の部署の連携が必要となり、縦割りの組織構造に風穴を開ける絶好の好機となるのです。しかも単に各部署の情報を寄せ集めてもダメなので、情報交換、すり合わせが必要となり、全社一丸となる組織体制が生まれてきます。一橋大学の伊藤邦雄教授も、統合報告書作成を「縦割り組織の弊害を抱える企業に横串を刺す大きな手段となるので有効利用してほしい」と述べています。[※14] 統合報告書を「ワンレポート」と呼ぶハーバード大学のエクレス教授と統合報告コンサルタントのクルス氏も「ワンレポート作成には、役割や事業単位を超えた高い内部連携が必要になり、それはより良い意思決定を生む」としています。[※15]

■統合報告書の現状と問題点

このようなメリットが考えられるにもかかわらず、現状では統合報告書を発行する企業はまだまだ少数派にとどまっています。日本ＩＲ協議会の調査によれば、次のような現状が見て取れます[※16]。

・統合報告書作成理由
「幅広いステークホルダーに自社の存在価値を理解してもらうため」81.7%
「自社の『見えざる価値』を表現することによって投資家・アナリストに自社の企業価値の理解を深めてもらうため」79.1%
「長期志向の投資家との有用なコミュニケーションツールとなるため」69.9%
「ＥＳＧを中心に海外投資家の理解を深めてもらうため」44.4%
「各種報告書を作成するよりも、結果的にコストダウンにつながる」15.7%

・統合報告書作成課題
「幅広いステークホルダーのニーズを満たしているかわからない」43.1%

「非財務情報が持続的成長を予測させるものになっているかわからない」40.5%
「財務情報と非財務情報の単純な合体に終わっている」29.4%
「投資家、アナリストに読まれている実感がない」27.5%

・統合報告書不作成理由
「投資家・アナリストからのニーズが少ない」47.5%
「統合報告書の作成意義、費用対効果がわからない」36.3%
「社内で統合報告書を作成するための、他部署との連携体制ができていない」25.5%

この結果からわかるように、多くの企業が統合報告書の「長期志向の投資家とのコミュニケーション」、「見えざる価値の表現」といったメリットは認めているのですが、現実の投資家からのニーズに合致しているか否か、統合報告書がどうあるべきかの不明確さなど、問題点も多く、実施に踏み切れていません。しかし前述のように統合報告書の必要性は今後ますます高まることが予想され、統合報告書の有効性も決して見逃すことはできません。そこで大きな方向付けとなるのが、IIRCが2013年に公表したフレームワークです。

■IIRC「国際統合報告フレームワーク」

IIRCはそのミッションとして「戦略、ガバナンス、業績など重要情報を、明確・簡潔・比較可能性ある形式で提供できる統合報告のフレームワーク開発」を掲げています。すでに確認したように現状では日本企業も300社余が企業統合報告書を発表しているものの、以前はなかなか発行企業数が増えてきませんでした。統合報告書の定義も基準もなかったため、各社様々な統合報告書でした。それでも前述のメリットのうち、いくつかは享受できたと思いますが、投資家にとっては比較のできない実に厄介な報告書となっている恐れもあったわけです。それがこのフレームワークにより、ある程度の基準ができ、比較可能性も高まることが期待されるようになった、という事実は誠に重要で、その後、発行企業数も増えてきたのです。

IIRCは2010年8月にA4SとGRIを主な母体として設立されています。ここでA4SはPrince's Accounting for Sustainability Projectという正式名称であり、英国のチャールズ皇太子の働きかけで2004年に設立されました。企業、投資家、政府、会計士団体、市民社会および学識経験者で構成され、サステナビリティの観点を意思決定や報告プロセスに反映させるためのガイダンス作りに取り組む団体として活動してきました。

GRI（Global Reporting Initiative）は1997年に設立され、世界で最も広く利用されているサステナビリティ報告書のガイドラインを作っています。[※17]

IIRCは設立以来、ディスカッションペーパー、ドラフト、フレームワークのプロトタイプなど様々な報告書を公開してきましたが、2013年12月には一つの区切りとなる「国際統合報告フレームワーク」を公表しました。[※18] また2014年3月には翻訳作業部会と日本公認会計士協会による日本語訳も公表されています。以下ではその中からいくつかの重要ポイントを確認・検討してみましょう。

■〈IR〉フレームワークによる統合報告と統合報告書の区別

IIRCが2013年に発表した「国際統合報告フレームワーク」（以下、〈IR〉フレームワーク）では、統合報告を〈IR〉というマークで示し「統合思考を基礎とし、組織の、長期にわたる価値創造に関する定期的な統合報告書と、これに関連する価値創造の側面についてのコミュニケーションにつながるプロセス」と定義しています。

ここで大事な点は、統合報告（Integrated Reporting）は統合思考によるコミュニケーション・プロセスであって、統合報告書（Integrated Report）と区別する、という説明です。プロセスとしての〈IR〉統合報告は、統合報告書の作成に加え、関連するすべての報告書およびコミュニケーションに適用されます。よって、統合報告書は統合報告の一つ、コミュニケーションの媒体の一手段という位置付けになるのです。

■統合報告書は従来の報告書の統合ではない

もう一つ重要で誤解されやすいのは、統合報告書は従来の各種報告書をまとめて一本化するものではない、とする点です。[※19] 故に統合報告書は、財務諸表・アニュアルレポート・サステナビリティ報告書などの紙媒体の報告書とウェブサイトなどを纏めるサマリーを提供するものではないので、それらの情報をすべて掲載する必要はない、ということになります。

統合報告は、ともすれば財務報告と非財務報告を統合して、すべての情報を提供する膨大な報告書になってしまう、という傾向に対する大いなる警告として受け止めるべきでしょう。〈IR〉フレームワークでは単なる合本ではなく、目的は各種情報の明確なコネクティビティ（結合性）を作ることであり、言い換えると、より詳細な情報へリンクするエントリーポイント（入口）であるべき、としているのです。

統合報告書で企業の全体像を把握した上で、さらに細かい情報を得たいときは、どのような手段で得られるかがわかれば十分であって、統合報告書自体にすべてを記載する必要はありません。それらの細かい情報へのリンク、コネクティビティを提供する入り口としてのエントリーポイントが統合報告書である、という考え方です。

統合報告書の第1ユーザーは財務資本の提供者

次に統合報告書の定義を見ると「組織の外部環境を背景として、組織の戦略、ガバナンス、実績および見通しが、どのように短、中、長期の価値創造につながるかについての簡潔なコミュニケーション」となっています。ここで想定される利用者は「財務資本の提供者」です。

一般には、従来の各種報告書を〝統合〟するので元々の報告書のそれぞれのユーザーがすべて統合報告書のユーザーとして対等に想定されてしまいそうですが、もしそうすると焦点がぼやけてしまいます。そうならないように、まずは、投資家に絞る、しかし自己資本を提供してくれる長期的な投資家だけではなく、銀行・社債権者といった他人資本提供者も長期的な資金提供者なので「財務資本の提供者」をユーザーとしよう、という考え方です。

■統合報告書の想定する様々なユーザー

ただし、他のステークホルダーは考えないのか、というとそうではなく、統合報告書の「長期にわたる組織の価値創造能力」という問題意識を重視して、財務資本の提供者を第1ユーザーとした上で、「統合報告書は従業員、顧客、サプライヤー、事業パートナー、地域社会、立法者、規制当局、及び政策立案者を含む、長期にわたる組織の価値創造能力に関心を持つ全てのステークホルダーにとって有益なもの」としています[※20]。

このように様々なユーザーを考慮すると、統合報告書の様々な使い方が想定できます。まずは第1の財務資本の提供者に統合報告を読んでもらい、非財務情報をも含む企業の全体像、各ステークホルダーとの関係、企業の社会性の重要性を十分理解してもらった上で、財務諸表などの財務情報に進むといった使い方です。

また、環境に関心の高い住民の方にも、まず統合報告で企業の全体像を理解してもらい、高い社会性の基盤として高い収益性と高い成長性の重要性を理解してもらった上でより詳しい環境情報に進む、といった使い方も考えられます。

就職活動中の学生の皆さんにもお勧めです。アニュアルレポートだけを読むと財務的な知識なしには重要部分の理解が進まないでしょうが、統合報告であれば、希望する企業が社会でどのような役割を果たしているのか、または果たして行こうとしているのか、それを企業のトップが自ら語ってくれている可能性が高いので、より具体的にその企業を知る機会となるわけです。

それぞれのユーザーが、それぞれの目的で企業の情報を得るとき、統合報告書から入り、さらにもっと知りたいときは、このウェブサイト、あるいはこの資料、というように、統合報告書はそれらへのリンクを提供するエントリーポイントである、ということがここでもキーとなってきます。

■オクトパス・ダイヤグラムの六つの資本

〈IR〉フレームワークでは統合報告〈IR〉の全体像である基礎概念を長期の価値創造プロセスとし、それをオクトパス・ダイヤグラムと呼ばれる図で示しています（図6-3）。ここでは、左から、六つの資本→ビジネスモデル→六つの資本、という流れが示され、六つの資本をビジネスモデルにインプットし、六つの資本に価値を増加させて成果を生むダイヤグラムになっています。

まず、六つの資本は財務資本、製造資本、知的資本、人的資本、社会・関係資本、自然資本を指していますが、資本という言葉はお金を表わす資本よりもっと広い概念です。原語がcapitalなので資本と訳されていますが、企業価値を構成する資源・要因・材料などすべてのインプットということで、経営資源と捉えることができましょう。[※21]

一つ一つ見ていくと、財務資本（Financial Capital）は通常の資本、お金で、経営資源のヒト・モノ・カネのカネを指しています。製造資本（Manufactured Capital）は製品サービスを生産するために必要な、ヒトが作り出したもの、とされていて、経営資源のヒト・モノ・カネのモノです。この二つの資本が、通常の財務諸表に登場する資本（資産）であり、以下の資本は原則として財務諸表には計上されない無形の資本と言えます。

知的資本（Intellectual Capital）は特許・

図6-3　統合報告基礎概念　オクトパス・ダイヤグラム

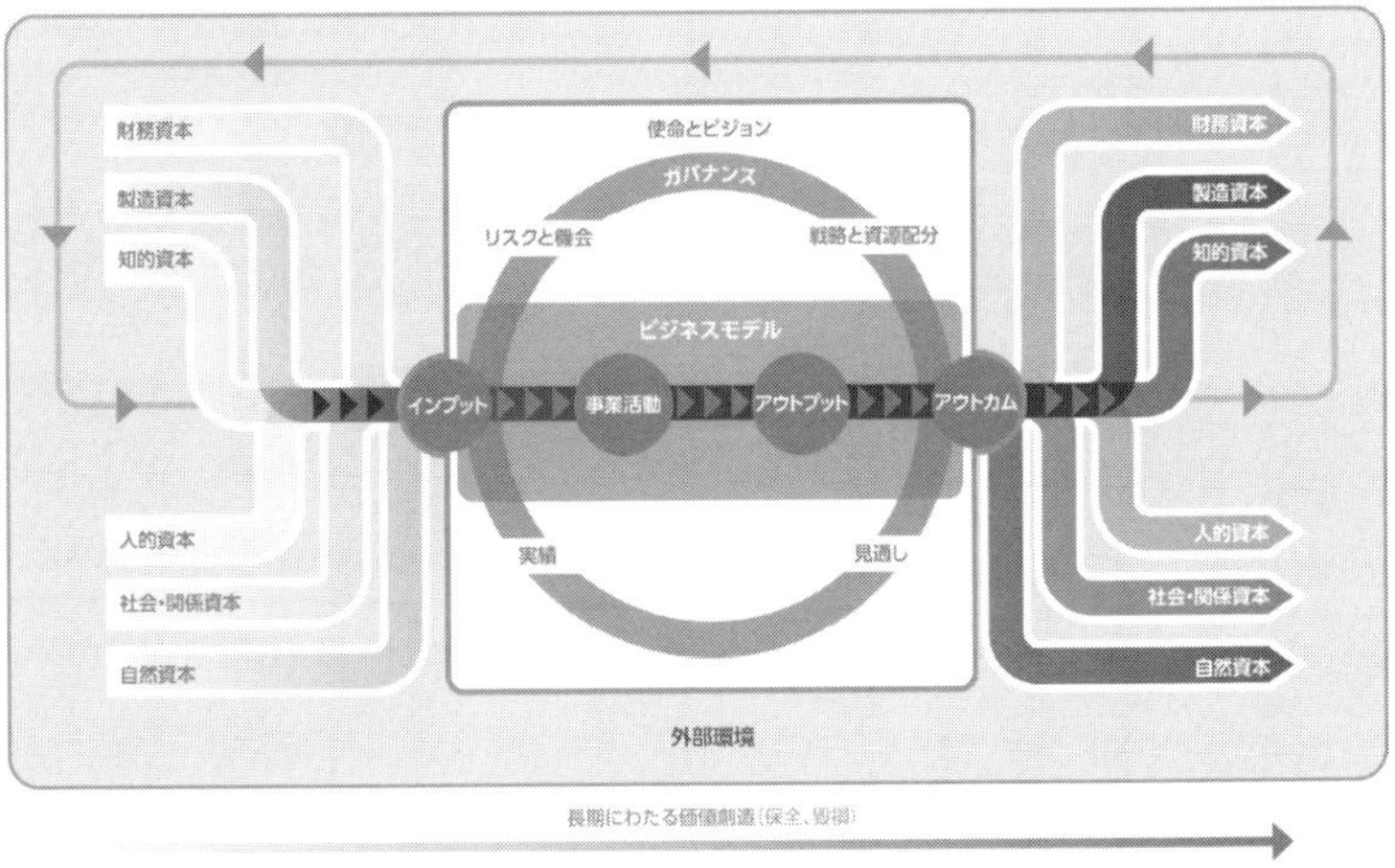

出所：IIRC日本語訳［2014］p. 15.

システム・ブランドを表わし、人的資本（Human Capital）は技能・能力・経験・モラールなどを示し、経営資源のヒト・モノ・カネのヒトです。社会・関係資本（Social and Relationship Capital）は地域社会のネットワークなどステークホルダー・ネットワークを示し、自然資本（Natural Capital）は自然環境、他の資本の土台となる環境です。従来のアニュアルレポートには、財務資本と製造資本しか載っていませんでしたが、統合報告ではより広い視野に立って六つの資本を考えていることがわかります。

■オクトパス・ダイヤグラムによるインプット、アウトプット、アウトカム

オクトパス・ダイヤグラムの中心部分がビジネスモデルであり「組織の戦略的目標を達成し、短期・中期・長期に価値創造を目的とし、インプットを事業活動によりアウトプットとアウトカムに変換する組織のシステム」と定義されています。インプットされるのは前述の六つの資本で、これらが消費・変換されて製品・サービスがアウトプットされます。すなわちアウトプットとは企業が作り出す製品・サービスを意味しています。一方、アウトカムは、アウトプットである製品・サービスによってもたらされる資本への影響、効果です。

自動車メーカーで具体例を考えてみましょう。アウトプットは自動車、アウトカムは顧

客にとっての移動性・安全性・信頼性・快適性・ステータスなどとなります。[※22] そしてそれらの六つの資本への影響を見ると、企業の売上高が増加し、利益が増加すれば、財務資本が増加し、それを元に設備投資を行なえば製造資本増加となります。その結果、企業ブランドや製品ブランドが高まり、製造技術やノウハウなども蓄積され知的資本が増加します。企業の内部では従業員の能力・経験が蓄積され、従業員モラールも向上し人的資本が増加し、外部ではブランド評価の高まりによって消費者との関係が向上し、社会・関係資本が増加します。自動車の排気ガスは大気汚染となり、自然資本は減少しますが、ハイブリッドカーなどエコカーによって汚染防止効果が高まれば自然資本は増加することとなります。

統合報告の最大の特徴は、このように財務報告にとどまらず、すべてのステークホルダーとの関係を六つの資本で表現し、長期の価値創造を戦略プロセスとの関連で表現する点と言えます。例えば、従来のアニュアルレポートやガバナンス報告書のように、単に最高意思決定機関の構成、取締役会・社外取締役の人数や個人情報を載せるだけではアウトカムにつながっていきません。単なる人数報告ではなく、それらが短期・中期・長期にどのように企業価値向上に結びついているかを報告すべきである、と〈IR〉フレームワークは主張しています。

あるいは従業員向けの報告として考えることもできます。従業員が統合報告書を読んで、会社が長期的にどのような姿になろうとしているのか、それらが社会に対してどのようなアウトカムを生み出し、六つの資本に対してどのようにプラスの貢献をしているのかがわかるでしょう。自分のやっている業務が会社の中での単なる歯車ではなく、どのような役割を果たし、どのように会社に、また社会に役立っているのかが理解できるようになります。これらが理解できると長期的な目標に向かって全員のベクトルが一致し従業員モラールは格段に向上するに違いありません。このような使い方は社員だけでなく、将来の社員となる学生向けにも使え、現在問題となっている企業が求める人材と学生が求める職場のミスマッチの解消にも大いに役立つことでしょう。

■ますます注目される統合報告書

このように、統合報告書の注目度はますます高まってきています。日本でもここ10年で毎年、着実に発行企業の増加が見られています。従来の年次報告書などの財務情報に、環境報告書・CSR報告書・サステナビリティ報告書などの非財務情報を加味した統合報告書は、企業経営の変化、情報ニーズの多様化、金融市場の短期志向と持続可能性への危機感などが背景となって、ますます必要とされるようになってきています。そして企業の社会性の重要性、統合思考の戦略的効果などから統合報告書は企業経営にとって有効なツールとしても期待されているのです。

　現行では300社余の企業が統合報告書をすでに公表していますが、従来はその定義も基準もはっきりしておらず、いわば、各社がそれぞれに考える統合報告書でした。どのようなものであっても、社会性の意識向上、サイロの打破など、様々なメリットは享受できていたと考えられますが、IIRCの〈IR〉フレームワークの登場により統一基準が生まれ、比較可能性という非常に大きなメリットが、投資家を始めとするステークホルダーにも生まれているという点は注目に値します。

　ただ〈IR〉フレームワークはcomply or explain方式のガイドラインを示すもので、法的な効力を持つものではなく、抽象度の高い表現が多く用いられています。そこで本章ではそのいくつかのポイントの確認・検討を行なってみました。統合報告と統合報告書の明確な区別、結合性（connectivity）と入口（entry point）重視の定義、財務資本の提供者をprimaryとする想定ユーザー、六つの資本、インプット－アウトプット－アウトカムというビジネスモデルなどです。これらを正しく理解し、統合報告書を的確に企業経営に活かすことができれば、長期の価値創造という統合報告〈IR〉の目的は十分に達成されるものと考えられます。

　このように考えると、統合報告書の企業経営にとっての重要性は今後ますます増加し、また企業と社会という二つの側面のリンクとしての役割が大きく注目されていくでしょう。

［註］

※1 日本経営学会関東部会（２０１４年12月20日、明治大学）における氏の発言。なお筆者はその時、氏の報告のコメンテーターを務めた。

※2 東洋経済新報社ブログ「第12回ＣＳＲ調査」http://csrblog.toyokeizai.net/csr/2016/12/1972012017-b963.html（２０１６年12月13日発表、２０１７年11月27日確認）。

※3 ＣＳＲ企業総覧２０１５　東洋経済新報社「第10回ＣＳＲ調査」業種別集計結果 http://www.toyokeizai.net/csr/（２０１５年２月４日発表、２０１７年11月27日確認）。

※4 現在は International Integrated Reporting Council であるが、２０１１年当時は International Integrated Reporting Committee であった。

※5 IIRC［2011］p. 4.

※6 ブランド価値評価研究会［2002］６ページ。

※7 「統合報告～長期価値創造を実現する企業報告」（日本経済新聞社主催、２０１４年９月２日＠日経ホール）における氏の発言。

※8 伊藤レポート［2014］70～74ページ、加護野忠男［2014］２３５～２３７ページ。また後段のＩＲ協議会アンケート調査（※16）も参照。

※9 第１章参照。

※10 第３章参照。

※11 IIRC［2013a］p. 2.

※12 市村清［2013］23ページ。

※13 一般的な英和辞典にはこのような意味は記載されていないが、インターネット上の英和辞典である英辞郎によれば、silo は「自己中心的な仕事のやり方、他部門と連携を取らない仕事のやり方、窓がないサイロの中にいると周囲が見えないように、組織内の各部門が組織全体のことを考えず、自己部門のことだけを考えること」とある。https://eow.alc.co.jp/search?q=silo（２０１７年11月27日確認）。

※14　「統合報告～長期価値創造を実現する企業報告」（日本経済新聞社主催、２０１４年9月2日@日経ホール）における氏の発言。

※15　エクレス＝クルス［2012］１３５ページ。

※16　回答企業９７３社、内、統合報告書作成企業１５３社。日本ＩＲ協議会「ＩＲ活動の実態調査２０１７」https://www.jira.or.jp/download/gaiyou2017.pdf（２０１７年11月27日確認）。

※17　２０００年に第1版が公表され、その後改訂が続き、最新版は２０１６年に公表されている（２０１７年現在）。

※18　IIRC［2013a］.

※19　松原恭司郎［2014］57ページ。

※20　IIRC［2013b］p.6.

※21　市村清［2013］52ページ。

※22　松原恭司郎［2014］１１０ページ。

Chapter 7 企業のための社会性

本書では、社会的責任、CSR、戦略的CSR、CSV、そして三方よしなど、いろいろな概念を比較検討してきました。それぞれの言葉は生み出された時代背景、タイミング、意義、捉え方がバラバラで、しかも確固たる定義があるわけではないものも多いので、世の中の理解には大いなる混乱が見られます。

CSRはCorporate Social Responsibilityの略ですから、そのまま訳せば企業の社会的責任になります。そこで本書では「社会性」という大きな概念を設定し、**広義の社会的責任・広義のCSR**と考えました。それを時代背景に沿って整理し、日本の高度成長期に注目された社会的責任を**狭義の社会的責任**、バブル時に注目されたメセナ・フィランソロピーを社会貢献、そして21世紀に入って注目されたCSRを**企業のための社会性**（**狭義のCSR**・戦略的CSR）と分類し、理解するという説明を行なってきました。[※1]

企業の方のお話を伺うと、CSRという言葉をご存じない方は皆無となりましたが、それを**狭義の社会的責任**と捉えている方も、社会貢献と捉えている方もまだまだ多い、というのが現状です。それもそのはずで、企業がCSR活動を行なうとどのような結果になるのか、に関しては、いろいろな学術論文はあるものの十分な結果が得られているとはいえない状況だからです。本書では**企業のための社会性**という言葉を使っていますが、社会性は本当に企業のためになるのでしょうか。

経営学の世界に、CSP-CFP関係という言葉があります。企業の社会に対する取り組み・活動をCSP（Corporate Social Performance）と呼び、企業の経済的・財務的な業績をCFP（Corporate Financial Performance）と呼び、その関係を計測しよう、という領域です（コラム7）。本書の最後に、筆者が実際に行なってきたCSP-CFP関係の分析をご紹介しましょう。

■1995年のCSP-CFP実証研究

CSP-CFP関係は、企業が社会的な行動（CSP）をとると、どのような経済的・財務的成果（CFP）が出るかという問題ですから、両者を実際に計測して数値で表す必要があります。CFPのほうは財務分析の手法を使い、収益性と成長性から計測できます。これは企業の目的が長期の維持発展であり、企業が長期的につぶれず、維持していくためには収益性を高くする必要があり、さらに発展していることを確認するには文字通り成長性の高さを見ればよいからです。[※2] そこで収益性+成長性という定義で財務業績という変数を作りました。CSPに関してはそのような公開データは当時、ありませんでした。[※3] そこで実際に計測してみようという段階から筆者の研究は始まりました。

１９９５年、慶應義塾大学商学部の十川廣國研究室で行なわれたアンケート調査に参加させていただき、ＣＳＰとなる社会性を計測できる質問をさせてもらいました。[※4] 社会性はすでにご紹介したように「企業の様々なステークホルダーに対する自らの収益性・成長性以外のコミットメント」という定義なので、アンケートに、従業員関連、地域関連、社会一般関連、環境関連の項目を入れていただき、数値化したわけです（表7-1、表7-2）。[※5] サンプル収益性は売上高経常利益率、成長性は4年間移動平均売上高伸び率を用いました。サンプルは東京証券取引所上場の製造業です（有効回答252社）。

ＱＡＱＦ[※6]と相関分析法により分析した結果、社会性と財務業績（収益性＋成長性）との間には大きなプラスの相関があるということが判明しました。[※7] つまり、財務業績の高い企業は社会性も高かったのです。

四つの企業タイプ

本書冒頭にご説明したように、良い企業とは何か、を考えるとき、従来から言われている儲かって伸びている企業、すなわち収益性が高くて成長性の高い企業、というのでは足りず、高い社会性も現代企業には必要である、ということを筆者は長年主張してきまし

表7-1　【環境不測時代の経営】のアンケート(抜粋)

(前略)
Q3-12
　貴社では、全社員の平均で有給休暇がどの程度消化されていますか(____%)
Q3-13
　貴社の住宅融資制度の融資限度額はおいくらですか(________万円)
Q4-1
　貴社の社是・社訓、もしくは企業理念の中に以下の項目に関することが含まれ、実現されていますか。
　Q4-1-1　従業員の生活向上
　　非常に強調され、実現されている　1-2-3-4-5-6　全く含まれていない
　Q4-1-2　地域貢献
　　非常に強調され、実現されている　1-2-3-4-5-6　全く含まれていない
　Q4-1-3　社会貢献
　　非常に強調され、実現されている　1-2-3-4-5-6　全く含まれていない
　Q4-1-4　地球環境保護
　　非常に強調され、実現されている　1-2-3-4-5-6　全く含まれていない
Q4-2　貴社では工場・グランド・体育館などの施設を地域住民へ開放していますか
　　積極的に開放している　1-2-3-4-5-6　全く開放していない
Q4-3　貴社では地元雇用についてどのようにお考えですか
　　意識して積極的に行なっている　1-2-3-4-5-6　全く意識していない
Q4-4　貴社では社会貢献活動についてどうお考えですか
　　企業目標の1つと考え積極的に行なっている　1-2-3-4-5-6　現在の不況下においてその余裕は無い
Q4-5　貴社には、社会貢献推進部・企業文化部・企業市民室などの社会貢献を専門に行なう部署があり、積極的に活動していますか
　　常設の部署があり、積極的に活動している　1-2-3-4-5-6　ケース・バイ・ケースで対処している
Q4-6　貴社では、環境問題が企業活動に対してどれほどの影響力を持っていますか
　　大きな影響力を持ち、場合によっては企業活動の方針変更も行なう　1-2-3-4-5-6　制約条件としては考慮する
Q4-7　貴社には環境保護に専門的に取り組むための部門がありますか
　　常設の部門があり、積極的に活動している　1-2-3-4-5-6　ケース・バイ・ケースで対処している
(後略)

出所：筆者作成。

表7-2　収益性・成長性・財務業績・社会性の数値化

財務業績(0～10)＝収益性＋成長性　(1994年3月期)
　収益性　売上高経常利益率【(0～5)に評点化】
　成長性　4年間移動平均売上高伸び率【(0～5)に評点化】
　社会性　A＋B＋C＋D【(0～5)に評点化】

A　従業員の生活の豊かさ(0～1)＝A1＋A2＋A3
　A1：有給消化率(0～1/3)
　　【X＝[Q3_12]、Z＝{X－Ave(X)}/SD(X)＋2.5
　　　Z＞5.0　のとき　A1＝1/3
　　　5.0≧Z＞0　のとき　A1＝Z/5/3
　　　0≧Z　のとき　A1＝0】
　A2：住宅融資限度額(0～1/3)
　　【X＝[Q3_13)として、A1に同じ】
　A3：社是・社訓・理念(0～1/3)【{6－(Q4_01_1)}/5/3】
B　地域貢献(0～1)＝B1＋B2＋B3
　B1：施設開放(0～1/3)【{6－(Q4_02)}/5/3】
　B2：地元雇用(0～1/3)【{6－(Q4_03)}/5/3】
　B3：社是・社訓・理念(0～1/3)【{6－(Q4_01_2)}/5/3】
C　社会貢献(0～1)＝C1＋C2＋C3
　C1：企業目標(0～1/3)【{6－(Q4_04)}/5/3】
　C2：専門部署(0～1/3)【{6－(Q4_05)}/5/3】
　C3：社是・社訓・理念(0～1/3)【{6－(Q4_01_3)}/5/3】
D　地球環境保護(0～1)＝D1＋D2＋D3
　D1：影響力(0～1/3)【{6－(Q4_06)}/5/3】
　D2：専門部署(0～1/3)【{6－(Q4_07)}/5/3】
　D3：社是・社訓・理念(0～1/3)【{6－(Q4_01_4)}/5/3】

【Qx_xxは表7-1のアンケート番号を示す】
出所：筆者作成。

た。筆者の専門領域の一つの企業評価論において、収益性、成長性という伝統的な企業評価基準に加えて、社会性という第3の基準を加えるべきだ、という主張です。

しかしこの〝財務業績（収益性＋成長性）と社会性の高い相関〟から考えると、企業評価基準として収益性・成長性という従来の基準に社会性を加えても関係ない、ということになってしまいます。従来どおり、財務業績だけで評価してやれば、自動的に社会性も高いわけですから。

本当にそうでしょうか。筆者は納得がいかなかったので、これらの関係をもう少し詳しく見るため、次のような4分類を考えてみました（図7−1）。

Type Ⅰ：財務業績、社会性ともに高い企業
Type Ⅱ：財務業績、社会性ともに低い企業
Type Ⅲ：財務業績のみ高い企業
Type Ⅳ：社会性のみ高い企業

財務業績と社会性の相関が高いので、Type ⅠとType Ⅱの企業が多いことになります。しかし実際には、Type Ⅲ企業もType Ⅳ企業も存在します（図7−2）。

図7-1　財務業績と社会性による4つのType

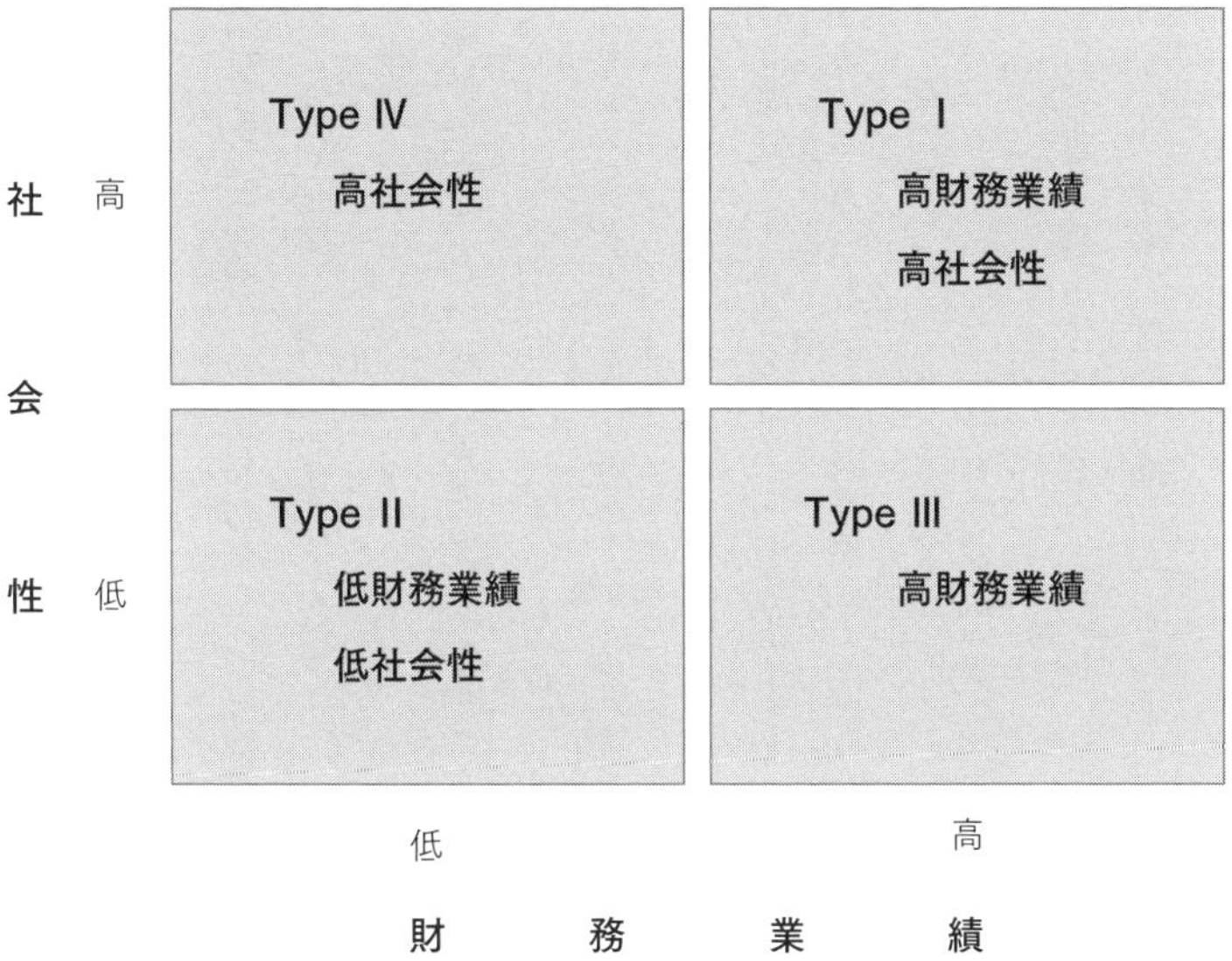

出所:筆者作成。

図7-2　4つのTypeの関係

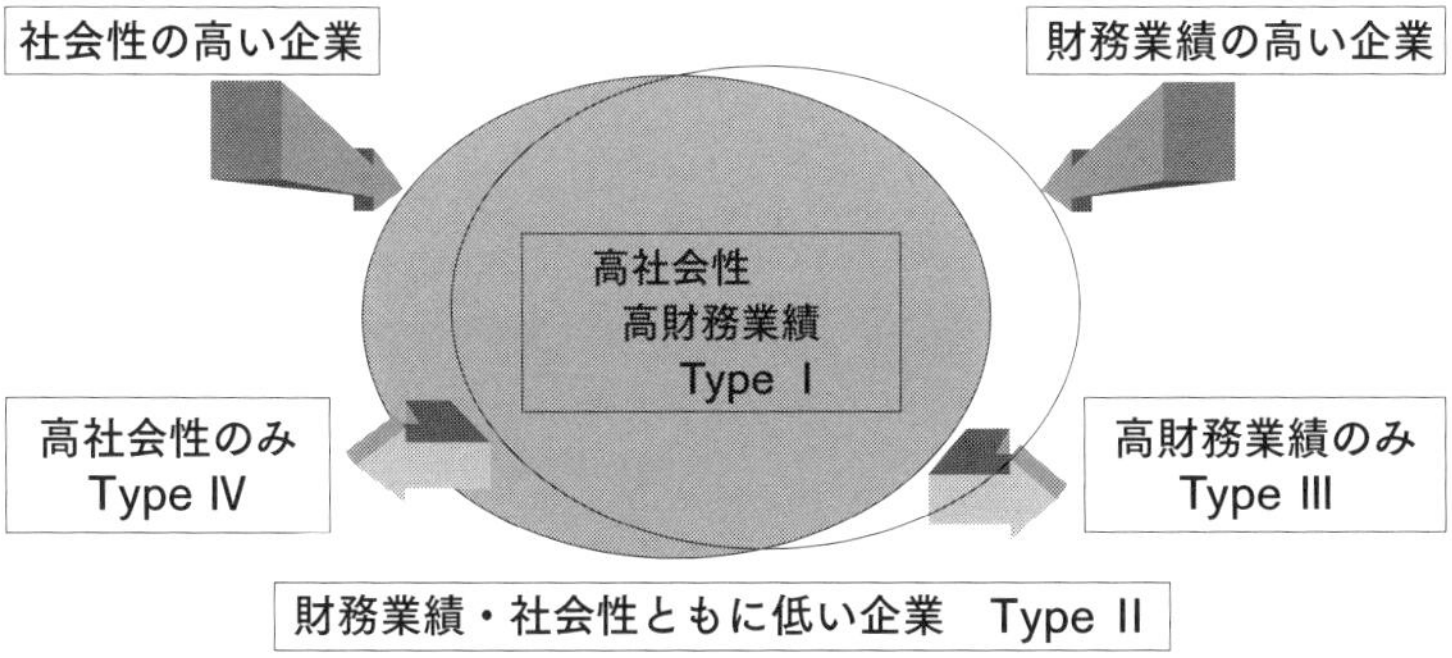

出所:筆者作成。

■実証研究のための仮説設定

Type Ⅲ企業は、社会性は低いけど財務業績は高い企業です。これらはまだ社会性に目が行かない企業であると予想されます。一般に、財務業績が悪いのに社会性を意識する企業は想定しにくいからです。つまり、社会性と財務業績との高い相関関係は「高財務業績→高社会性」という因果関係から始まると言えましょう。しかし現代企業にとって社会性は不可欠ですから、いつまでも低社会性では業績もそのうち低下してしまう可能性が高まります。つまり「低社会性→低業績」という関係です。逆に言えば、高社会性は将来の高業績の条件とも言えるので「高社会性→高業績」という関係も想定できます。これが「高業績→高社会性→高業績」という好循環を生み出していくのです。この好循環を生み出せなければ、「低業績→低社会性→低業績」という悪循環に陥る可能性も、Type Ⅲは持っている、と言えましょう。

Type Ⅲ企業は、従来の収益性、成長性という基準だけで見れば当然良い企業なので、社会性基準を導入する意義の一つは、Type ⅠとType Ⅲを見分ける、ということが考えられます。従来の財務業績のみを基準とする企業評価では、財務業績・社会性ともに高いType Ⅰと財務業績は高いが社会性は低いType Ⅲを区別することはありません。そこで社会性基準の意義が出てきます。Type Ⅲは決して社会からの要請に正確に応えている企業とは言えず、現代企業の目的をフルには達成しておらず、もはや良い企業とは言えないからです。

ここで、次の実証研究に向けて、二つの仮説が出来上がりました。

仮説1〈業績維持仮説〉
高財務業績企業同士において高社会性Type Ⅰが高財務業績を維持する確率は、低社会性Type Ⅲに比べて高い

仮説2〈業績悪化仮説〉
高財務業績企業同士において高社会性Type Ⅰが高財務業績を悪化させる確率は、低社会性Type Ⅲに比べて低い

Type Ⅳ企業は、社会性は高いのですが財務業績は低い企業で、もともと財務業績が悪いのに社会性だけが高いというケースは想定しにくいので、フィランソロピー・ブーム等で社会性を高めたのに、その後、財務業績が悪化してしまった企業と考えられます。社会性は高いので好循環に乗れれば財務業績も回復するかもしれませんが、超長期的という社

会性の性格からして、そう楽観的には考えられません。しかし、Type Ⅱ企業、つまり、財務業績も社会性も低い企業に比べれば、低財務業績が低社会性を生み、低財務業績が続くという悪循環になる確率は低く、超長期とはいえ、業績回復の確率もType Ⅳのほうが高いと言えましょう。従来の収益性・成長性のみで企業を評価すれば、Type ⅡもType Ⅳも単に同じ低業績企業になってしまいます。社会性を企業評価基準に加えるもう一つの意義は、Type ⅡとType Ⅳの区別にもある、と言えます。そこで、さらに二つの仮説を追加しました。

仮説3〈業績回復仮説〉
低財務業績企業同士において高社会性Type Ⅳが高財務業績へ回復する確率は、低社会性Type Ⅱに比べて高い

仮説4〈業績低迷仮説〉
低財務業績企業同士において高社会性Type Ⅳが財務業績低迷を続ける確率は、低社会性Type Ⅱに比べて低い

■CSP-CFP関係―20年後の検証―

筆者は1995年のアンケート・データ（財務データは1994年）に出てくる企業がその後、どうなったのかという追跡調査を行なってきました。つまり、四つの仮説通りのことが起きたか否かの検証です。5年後の1999年財務データ、10年後の2004年財務データ、20年後の2014年財務データで3回の検証を行ないましたが、ここでは20年後の結果を中心にご紹介します。

まず、上場廃止などのため、2014年3月期財務データが正しく計算できなかった47社をサンプルから除いたため、サンプル数は189社となりました。[※8] 表7-3にデータ概要が示されています。四つのType分けですが、社会性、財務業績それぞれの変数で、上位1／3に入る企業を〝高い〟、下位1／3に入る企業を〝低い〟と見なしています。その結果が表7-4に示されています。

財務業績・社会性ともに上位1／3に入ったTypeⅠ企業20社、財務業績が上位1／3で社会性が下位1／3となったTypeⅢ企業17社、合計37社の20年後の財務業績変化を見てみましょう。20年前に高財務業績を誇っていたTypeⅠとTypeⅢの比較です。表7-4の左側にあるように、TypeⅠで20年後も上位1／3の高財務業績を維持できた企業は

表7-3　データ概要

	社会性 1995	収益性 1994	成長性 1994	財務業績 1994	収益性 1999	成長性 1999	財務業績 1999
MAX	4.983	5.000	5.000	9.817	5.000	5.000	9.924
MIN	0.115	0.000	0.000	0.000	0.000	0.000	0.793
MEAN	2.494	2.524	2.475	4.998	2.485	2.497	4.982
S.D.	0.996	0.807	0.790	1.422	0.903	0.919	1.532

	収益性 2004	成長性 2004	財務業績 2004	収益性 2014	成長性 2014	財務業績 2014
MAX	5.000	5.000	8.319	5.000	5.000	8.214
MIN	0.000	0.000	0.000	0.000	0.000	0.000
MEAN	2.427	2.441	4.868	2.497	2.433	4.930
S.D.	0.718	0.909	1.364	0.767	0.783	1.089

東証上場製造業252社(1994～5年)、うち243社(1999年)、うち238社(2004年)、うち189社(2014年)。

出所:筆者作成。

表7-4　“高い”・“低い”の基準を上位下位1/3にした場合

上位1/3の高業績企業37社の20年後の業績変化				下位1/3の低業績企業44社の20年後の業績変化			
	高業績維持	やや悪化	業績悪化		高業績回復	やや回復	業績低迷
Type I 20社 (高社会性)	60%	30%	10%	Type II 30社 (低社会性)	13%	30%	57%
Type III 17社 (低社会性)	41%	24%	35%	Type IV 14社 (高社会性)	43%	29%	29%
仮説1	60%	仮説2	10%	仮説3	13%	仮説4	57%
○	∨	○	∧	○	∧	○	∨
	41%		35%		43%		29%

出所:筆者作成。

60％もありましたが、Type Ⅲでは41％に過ぎません。割合を比較して、60％ ∨ 41％より仮説1〈業績維持仮説〉から予想されるとおりの結果が得られています。[※9]

Type Ⅰで20年後の業績が下位1／3に悪化してしまった企業は10％しかなかったのですが、Type Ⅲでは35％もありました。これまた10％ ∧ 35％で、仮説2〈業績悪化仮説〉を支持できる結果となっています。[※10] これらの関係をグラフ化したのが図7-3です。

表7-4の右側には財務業績・社会性ともに下位1／3となったType Ⅱ企業30社、財務業績が下位1／3で社会性が上位1／3となったType Ⅳ企業14社、合計44社の20年後の財務業績変化が示されています。今度は20年前には低財務業績であった

図7-3　高財務業績企業の20年後の業績変化（1/3基準）

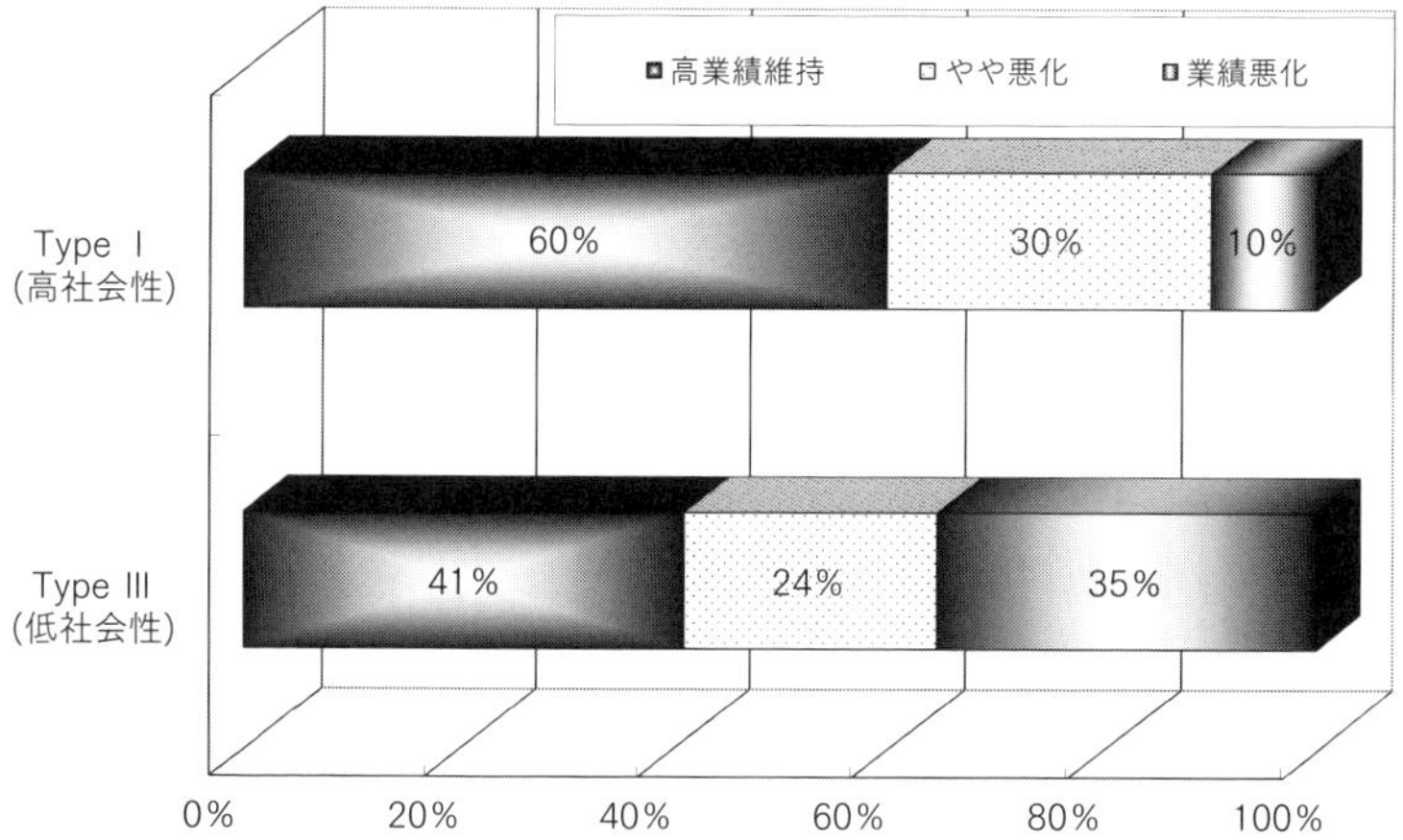

出所：筆者作成。

Type ⅡとType Ⅳの比較です。

Type Ⅱで20年後に高業績へ回復できた企業はわずか13%でしたが、Type Ⅳでは43%です。割合を比較して、13%＜43%より仮説3〈業績回復仮説〉から予想されたとおりの結果が出ています。

同様にType Ⅱで20年後も業績下位1／3で低迷を続けている企業は57%もあったのですが、Type Ⅳでは29%でした。これまた57%＞29%で、仮説4〈業績低迷仮説〉を支持できる結果となっています。これらの関係をグラフ化したのが図7-4です。

以上の分析は〝高い〟・〝低い〟の基準を上位下位それぞれ1／3に設定したケースですが、この基準をもう少し両側に拡張し、1／2.5と1／3.5にそれぞれ設定しなお

図7-4　低財務業績企業の20年後の業績変化（1/3基準）

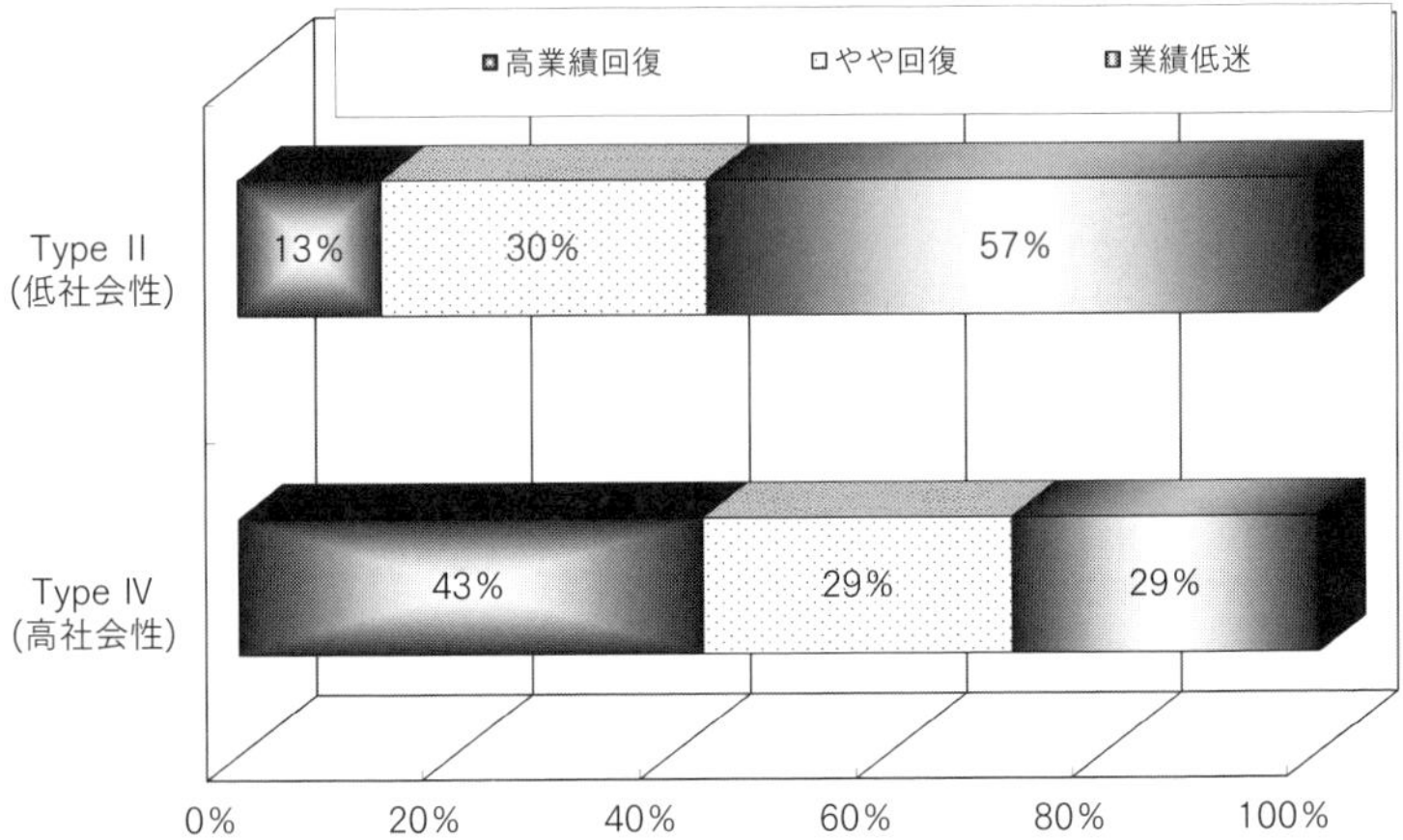

出所：筆者作成。

表7-5　“高い”・“低い”の基準を上位下位1/2.5にした場合

上位1/2.5の高業績企業53社の20年後の業績変化				下位1/2.5の低業績企業65社の20年後の業績変化			
	高業績 維持	やや 悪化	業績 悪化		高業績 回復	やや 回復	業績 低迷
Type I 25社 （高社会性）	68%	12%	20%	Type II 38社 （低社会性）	18%	21%	61%
Type III 28社 （低社会性）	54%	10%	36%	Type IV 27社 （高社会性）	41%	26%	33%
仮説1 ○	68% ∨ 54%	仮説2 ○	20% ∧ 36%	仮説3 ○	18% ∧ 41%	仮説4 ○	61% ∨ 33%

出所：筆者作成。

表7-6　“高い”・“低い”の基準を上位下位1/3.5にした場合

上位1/3.5の高業績企業27社の20年後の業績変化				下位1/3.5の低業績企業33社の20年後の業績変化			
	高業績 維持	やや 悪化	業績 悪化		高業績 回復	やや 回復	業績 低迷
Type I 15社 （高社会性）	53%	40%	7%	Type II 23社 （低社会性）	13%	30%	57%
Type III 12社 （低社会性）	33%	25%	42%	Type IV 10社 （高社会性）	60%	30%	10%
仮説1 ○	53% ∨ 33%	仮説2 ○	7% ∧ 42%	仮説3 ○	13% ∧ 60%	仮説4 ○	57% ∨ 10%

出所：筆者作成。

して全く同じ分析をした結果が表7-5と表7-6に示されています。1／3基準と同様、四つの仮説ごとに企業の業績変化の割合を比較してみると、すべてのケースにおいて、仮説から予想される大小関係が観測されていることがお判り頂けるかと思います。[※11]

■比率の差の検定

次に、これらの割合の比較を、単に大小関係ではなく、その差に意味があるか否かを統計的に検定してみることにします。比率の差の検定[※12]は次のような手順で行なうことができますが、ここから突然、統計学の話になってしまいますので、興味のない方は適宜、読み飛ばしてください。要するに、前述の%が大きい、小さい、という単に不等号で見た結果が統計的に信頼できるかどうかを見るものなので、本節の式の説明などは読み飛ばして、次節「仮説検定の結果」以降を見ていただければ十分です。

2組の標本の大きさをそれぞれ n_1 n_2 注目する特性をもつ個体の数を x_1 x_2 それらの割合を $p'_1 = \frac{x_1}{n_1}$ $p'_2 = \frac{x_2}{n_2}$ 真の値を p_1 p_2 とすると、その差 $p'_1 - p'_2$ はラプラスの定理より近似的に

$$N\left(p_1 - p_2,\ \frac{p_1(1-p_1)}{n_1} + \frac{p_2(1-p_2)}{n_2}\right)$$

に従います。ここで、真の値 p_1 p_2 は不明ですが、サンプルより推定値として計算し、帰無仮説 $p_1 - p_2 = 0$ を検定します。つまり、

$$p_1 = p_2 = \hat{p} = \frac{x_1 + x_2}{n_1 + n_2}$$

$$z = \frac{p'_1 - p'_2}{\sqrt{\hat{p}(1-\hat{p})\left(\frac{1}{n_1} + \frac{1}{n_2}\right)}}$$

を有意水準5％の基準値1.645[※13]と比較し、z の方が大きければ帰無仮説を棄却します。

また、サンプル数がラプラスの定理を適用するに十分なほど大きくない時は、イェーツの連続性補正を適用し、z の計算は次のようになります。[※14]

$$z=\frac{(p'_1-p'_2)-\frac{1}{2}\left(\frac{1}{n_1}+\frac{1}{n_2}\right)}{\sqrt{\hat{p}(1-\hat{p})\left(\frac{1}{n_1}+\frac{1}{n_2}\right)}}$$

仮説1〈業績維持仮説〉に関して、上位下位を1／3に設定した最初のケースを見てみると、$x_1=12$　$x_2=7$　$n_1=20$　$n_2=17$であり、これらの数値からzを計算すると1.142となります（表7-7の仮説1：2014：1／3基準）。これは基準値1.645よりも小さく、帰無仮説は棄却されず、仮説1〈業績維持仮説〉は支持されません。仮説2〈業績悪化仮説〉に関しては$x_1=6$　$x_2=2$　$n_1=17$　$n_2=20$　$z=1.863$となり、これは基準値1.645よりも大きく、帰無仮説は棄却され、仮説2〈業績悪化仮説〉は支持されます。仮説3〈業績回復仮説〉に関しては$x_1=6$　$x_2=4$　$n_1=14$　$n_2=30$　$z=2.177$となり、これも基準値1.645よりも大きく、帰無仮説は棄却され、仮説3〈業績回復仮説〉は支持されます。仮説4〈業績低迷仮説〉に関しては$x_1=17$　$x_2=4$　$n_1=30$　$n_2=14$　$z=1.738$となり、これも基準値1.645よりも大きく、帰無仮説は棄却され、仮説4〈業績低迷仮説〉は支持となり、仮説1のみ棄却で、仮説2～4は支持という結果になりました。

同様の分析を三つの基準すべてについて行ない、さらに5年後の検証である1999年データと10年後の検証である2004年データの分析結果とともに一覧にしたものが表7-7です。仮説が四つ、検証時が1999年3月期、2004年3月期、2014年3月期の3時点、上位下位の基準が1/2.5、1/3、1/3.5の三つなので、都合36通りの検定となります。

仮説検定の結果

表7-7の右端3列をご覧ください。比率の大小関係のみを見ると、36通りすべて仮説どおり（○）となっていますから、全般的には仮説と実態は符合していると考えられます。ただし比率の差の検定を行なった結果では、仮説1〈業績維持仮説〉は9通りのうち1回しか統計的に有意にならず（○は一つだけで×が八つ）、この関係に関してははっきりしたことは言えません。

仮説2〈業績悪化仮説〉は9通りのうち5回が統計的に有意となり、まあまあこの関係は確認できました。さらに仮説3〈業績回復仮説〉と仮説4〈業績低迷仮説〉に関しては9通りのうち、それぞれ8回と7回が統計的に有意であり、仮説採択という結果で、仮説どおりの検証ができました。図にすると図7-5の感じでしょうか。

$\hat{p}_1$	$\hat{p}_2$	$\hat{p}_1$-$\hat{p}_2$	z	大小関係	有意水準5%検定	有意確率
0.571	0.528	0.044	0.370	○	×	35.60
0.655	0.476	0.179	1.266	○	×	10.28
0.619	0.467	0.152	0.907	○	×	18.19
0.528	0.294	0.234	1.984	○	○	2.37
0.467	0.350	0.117	0.819	○	×	20.64
0.455	0.333	0.121	0.737	○	×	23.05
0.680	0.536	0.144	1.072	○	×	14.18
0.600	0.412	0.188	1.142	○	×	12.68
0.533	0.333	0.200	1.039	○	×	14.93
0.389	0.143	0.246	2.341	○	○	0.99
0.238	0.069	0.169	1.701	○	○	4.49
0.133	0.095	0.038	0.000 ∗	○	×	50.00
0.471	0.250	0.221	1.925	○	○	2.71
0.350	0.167	0.183	1.484	○	×	6.85
0.200	0.136	0.064	0.061 ∗	○	×	30.31
0.357	0.200	0.157	1.268	○	×	10.24
0.353	0.100	0.253	1.863	○	○	3.13
0.417	0.067	0.350	2.174	○	○	1.49
0.257	0.229	0.028	0.294	○	×	38.44
0.238	0.029	0.210	2.454	○	○	0.70
0.250	0.036	0.214	1.661 ∗	○	○	1.56
0.486	0.277	0.209	1.945	○	○	2.59
0.333	0.114	0.219	1.997	○	○	2.29
0.313	0.069	0.244	2.158	○	○	1.55
0.407	0.184	0.223	1.982	○	○	2.38
0.429	0.133	0.295	2.177	○	○	1.48
0.600	0.130	0.470	2.783	○	○	0.27
0.563	0.486	0.077	0.692	○	×	24.44
0.543	0.238	0.305	2.231	○	○	1.30
0.536	0.250	0.286	1.841	○	○	3.29
0.553	0.286	0.267	2.414	○	○	0.79
0.543	0.286	0.257	1.874	○	○	3.05
0.414	0.250	0.356	1.099	○	×	13.59
0.605	0.333	0.272	2.161	○	○	1.53
0.567	0.286	0.281	1.738	○	○	4.11
0.565	0.100	0.465	2.485	○	○	0.65

表7-7　分析結果一覧（仮説1～4）

仮説	検証年	基準	x_1	x_2	n_1	n_2	$\hat{p}$
1 業績維持仮説	1999	1/2.5	20	19	35	36	0.549
		1/3	19	10	29	21	0.580
		1/3.5	13	7	21	15	0.556
	2004	1/2.5	19	10	36	34	0.414
		1/3	14	7	30	20	0.420
		1/3.5	10	5	22	15	0.405
	2014	1/2.5	17	15	25	28	0.604
		1/3	12	7	20	17	0.514
		1/3.5	8	4	15	12	0.444
2 業績悪化仮説	1999	1/2.5	14	5	36	35	0.268
		1/3	5	2	21	29	0.140
		1/3.5	2	2	15	21	0.111
	2004	1/2.5	16	9	34	36	0.357
		1/3	7	5	20	30	0.240
		1/3.5	3	3	15	22	0.162
	2014	1/2.5	10	5	28	25	0.283
		1/3	6	2	17	20	0.216
		1/3.5	5	1	12	15	0.222
3 業績回復仮説	1999	1/2.5	9	11	35	48	0.241
		1/3	5	1	21	35	0.107
		1/3.5	4	1	16	28	0.114
	2004	1/2.5	17	13	35	47	0.366
		1/3	7	4	21	35	0.196
		1/3.5	5	2	16	29	0.156
	2014	1/2.5	11	7	27	38	0.277
		1/3	6	4	14	30	0.227
		1/3.5	6	3	10	23	0.273
4 業績低迷仮説	1999	1/2.5	27	17	48	35	0.530
		1/3	19	5	35	21	0.429
		1/3.5	15	4	28	16	0.432
	2004	1/2.5	26	10	47	35	0.439
		1/3	19	6	35	21	0.446
		1/3.5	12	4	29	16	0.356
	2014	1/2.5	23	9	38	27	0.492
		1/3	17	4	30	14	0.477
		1/3.5	13	1	23	10	0.424

＊イェーツの連続性補正
出所：筆者作成。

■社会性は高業績維持に必要

仮説2〈業績悪化仮説〉は財務業績・社会性ともに高いType Ⅰ企業が財務業績を悪化させる確率は、財務業績は高いが社会性は低いType Ⅲ企業のその確率よりも低いというものでした。この関係がほぼ確認されたことにより、社会性の低い企業は現代社会からの要請に的確に応えることができず、結局、財務業績も悪化させてしまうので、社会性は高業績維持に必要である、ということが言えます。

仮説1〈業績維持仮説〉はそのType Ⅰが高財務業績を維持する確率はType Ⅲのその確率よりも高いということでしたが、はっきりした関係は確認されませんでした。高社会性だけでの高業績維持は難しく、高業績維持には社会性以外のほかの要因が大きな影響を及ぼすのであろう、と考えられます。社会性だけでは高業績維持ができないというのはきわめて常識的な結論ですね。

仮説3〈業績回復仮説〉は、財務業績は低いが社会性は高いType Ⅳ企業が高財務業績へ回復する確率は、財務業績・社会性ともに低いType Ⅱ企業のその確率よりも高い、というもので、仮説4〈業績低迷仮説〉はそのType Ⅳが財務業績低迷を続ける確率は、Type Ⅱのその確率よりも低い、というものでした。これらの関係が確認されたことにより、業績の悪い企業が業績回復をしていく時、社会性が必要であり、社会性が低いと業績低迷の確率は高くなる、と言えます。全体的に見て、社会性は高業績にとっての十分条件とは言えないが、少なくとも必要条件ではある、と考えられます。

以上の関係は5年後、10年後、20年後と分析を続けることによって、全く同じ結論ないし多少の仮説支持強化という結果が得られています。社会性の超長期という性格がここでもまた確認されたのです。

このように従来の収益性・成長性という企業評価基準に社会性と

図7-5　企業のための社会性

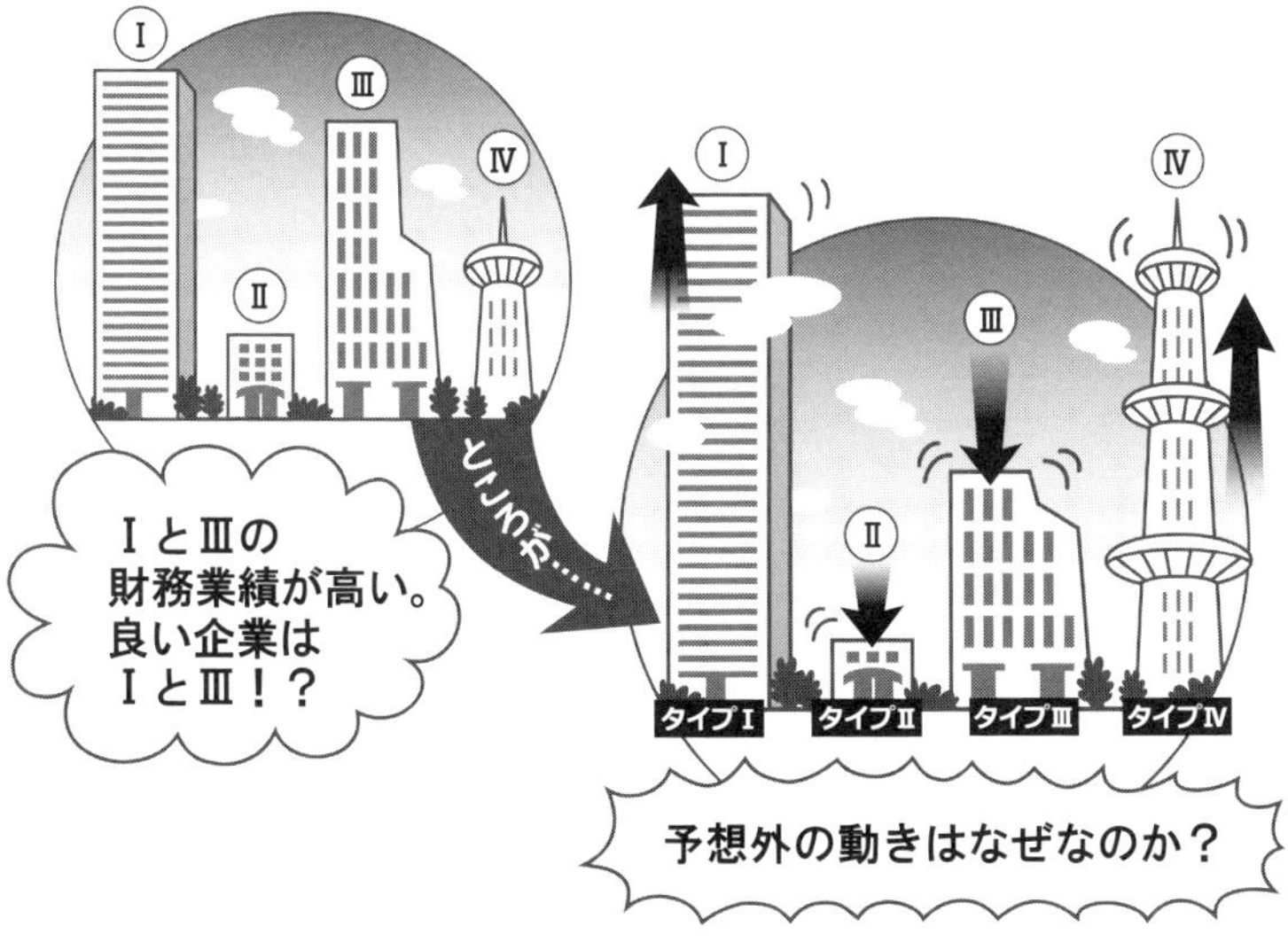

出所：岡本大輔[1996a]p. 16より引用、筆者修正。

いう新しい基準を加えることにより、現代企業への社会からの要請を的確に評価することが可能となります。第3の企業評価基準として社会性を追加することは一時的に、財務的にのみ、調子の良い企業を誤って高く評価してしまう可能性を排除するという重要なメリットがあり、その意義は非常に大きい、と筆者は考えています。それゆえ、社会性は**企業のための社会性**と言えるのです。

Column 7

CSP-CFP研究

CSP-CFP研究の中でも有名なものとしてハーバード大学のマーゴリス教授とミシガン大学のウォルシュ教授による一連のメタ研究［★1］があります。彼らの2003年の研究［★2］では、1972年から2002年に発表された127のCSPとCFPの実証研究が調べ上げられ、両者にプラスの関係を検証した研究が70、マイナスの関係を検証した研究が7、無関係その他という結論を得た研究が54と報告されています［★3］。

CSPとCFPにプラスの関係があるということは、企業が社会的行動を起こして社会的成果を上げれば（CSP増加）、財務成果も上がる（CFP増加）、ということになります。マイナスであれば逆に、財務成果は下がる（CFP減少）という意味です。いろいろな分析結果が出ているものの、企業が社会的責任を果たすという社会的行動は自分自身の財務業績にもプラスになる、という研究が多い、ということが判ります。

彼らの２００７年の研究［★4］ではワシントン（セントルイス）大学のエルフィンバイン教授も加わり、対象研究を増やし、１６７研究をメタ分析し、ＣＳＰ-ＣＦＰ関係は総じてプラスであるが、小さい、としています。ただしＣＳＰとして慈善活動・不祥事の公表・環境活動などに絞った場合、またFORTUNE他の経済誌による評価とした場合にＣＳＰ-ＣＦＰ関係は最も強いプラスとなるが、ＣＳＰを経営方針・透明性などに絞った場合、また第三者機関による監査・投資ファンドによるスクリーニングなどによる評価とした場合には弱いプラスになる、としています。２００９年の研究［★5］ではさらに対象を増やし、２１４研究をメタ分析していますが、ＣＳＰ-ＣＦＰ関係はやはり総じてプラスであるが小さいと報告しています。ＣＳＰ-ＣＦＰ関係はいろいろな条件が絡み、まだまだ統一した見解が得られていない、というのが現状なのです。

★1　多くの研究者の実証研究結果を収集・統合して比較分析を行なう方法。メタアナリシス。
★2　Margolis & Walsh［2003］.
★3　4研究が複数の結論を出しているため、合計は１２７にならない。
★4　Margolis, Elfenbein & Walsh［2007］.
★5　Margolis, Elfenbein & Walsh［2009］.

[註]

※1 図4-4参照。

※2 第1章参照。

※3 現在では東洋経済新報社による『CSR企業総覧』などのデータベースがある。

※4 アンケート調査【環境不測時代の経営】、表7-1参照。詳しくは十川廣國ほか［1995］。

※5 ステークホルダーには、さらに株主・投資家が含まれてしかるべきだが、90年代前半ではまだ、コーポレートガバナンスという概念は一般的ではなく、アンケート項目に加えなかったので、この分析には含まれていない。この件に関しては、岡本大輔［2007］参照。

※6 定性要因の定量分析法。Quantitative Analysis for Qualitative Factors の略で「かくふ」と発音する。数字に表わしにくい定性的データを定量的に分析する方法。詳しくは岡本大輔ほか［2012］289ページ。

※7 財務業績と社会性の相関係数は＋0.1403（有意確率 0.026）、詳しくは岡本大輔・梅津光弘［2006］82～93ページ。

※8 上場廃止の理由が会社更生法・民事再生法による場合は業績指標に0点を入れ、サンプルとして残した（各1社）。ただし、2004年分析時点ですでにそのような処理がなされていた企業はサンプルから除外した（5社）。また、連結子会社化による上場廃止の場合でも、個別財務諸表が公開されている場合はサンプルとして残そうとしたが、該当する企業はなかった。

※9 表7-4では、仮説から予想される結果であることを○印で示している。以下同様。

※10 ここでは上位下位1／3という基準を採用したため、サンプルの中には最初から Type Ⅰ～Type Ⅳのどれにも属さない中間的な企業が存在し、さらに、Type Ⅰ～Type Ⅳであっても20年後の業績が中位1／3（表7-4では「やや悪化」、「やや回復」と表示）となる中間的企業が存在している。以下、上位下位1／2.5基準、1／3.5基準のケースも同様。

※11 基準については、これらよりさらに拡張して、1／4または1／2という基準も考えられる。しかし1／4にした場合、※10で述べたサンプルに入らない中間的企業が大部分を占めてしまい、サンプル数が極端に少なくなってしまう。また、1／2にした場合には、2分割なので逆にそれらの中間的企業がすべてサンプルに入ってしまい、ここで検討したい財務業績と社会性の関連性が曖昧になってしまう。そのため、ここでは、1／3基準に加えて、1／2.5と1／3.5という二つの基準についてのみ検証対象とした。

※12 岩田暁一［1967］179～180ページ、打波守［2004］101～102、209～211、229～231ページ。

※13 仮説より、片側検定を用いている。

※14 イェーツの連続性補正は、岡本大輔［2000；2005］では用いられていないが、Okamoto［2009］を投稿した際にレビュアーからの指摘があり追加された。

おわりに

筆者は学生時代、故・清水龍瑩慶應義塾大学名誉教授のゼミに学び、先生と同じ計量経営学・企業評価論を自らの専門としてきました。良い企業とは何かを考え、収益性・成長性に加え、社会性も企業評価基準としてから、企業の社会的責任・ＣＳＲについて考えるようになりました。

社会的責任とＣＳＲの違いに関して、答えはそう簡単には出ないので、本書の主張が唯一の正解、とは言いませんが、取りあえず皆さんがもう一度、企業の社会的責任とＣＳＲを見直し、頭の中を整理するヒントになったのでは、と願っています。

本書作成には、多くの社会での仲間のお力を借りました。特に、同じ清水門下の４人で書いた『深化する日本の経営』の共著者である、古川靖洋関西学院大学総合政策学部教授、佐藤和慶應義塾大学商学部教授、馬場杉夫専修大学経営学部教授の皆さんには日頃からたくさんの意見を頂いています。千倉書房取締役の川口理恵氏、編集部の岩澤孝氏にも大変お世話になりました。どうもありがとうございました。

最後に本書作成に際し、研究調査時に慶應義塾大学学事振興資金から研究費補助を、執筆・校正時に慶應義塾派遣留学という貴重な時間を、出版時に慶應義塾大学商学会から出版補助を戴いたことを明記し、感謝いたします。

本書を、草稿段階から読んでくれてたくさんのコメントをくれた、
妻・さゆり、長女・芽生、次女・紗生に贈る

岡本大輔

2018年早春　三田山上にて

参考文献

Crane, A., G. Palazzo, L. J. Spence, D. Matten (2014) "Contesting the Value of "Creating Shared Value", "*California Management Review*, 56 (2), pp. 130–153.

DiMaggio, P. J. & W. W. Powell (1983) "The Iron Cage Revisited: Institutional Isomorphism and Collective Rationality in Organizational Fields," *American Sociological Review*, 48 (2), pp. 147–160.

International Integrated Reporting Committee (IIRC) (2011) "Towards Integrated Reporting; Communicating Value in the 21st Century," *Discussion Paper*, IIRC.

International Integrated Reporting Council (IIRC) (2013a) "THE INTERNATIONAL <IR> FRAMEWORK", IIRC. (翻訳作業部会・日本公認会計士協会訳「国際統合報告フレームワーク日本語訳」二〇一四年)

International Integrated Reporting Council (IIRC) (2013b) "Basis for Conclusions", IIRC.

Margolis, Joshua D., Hillary Anger Elfenbein & James P. Walsh (2007) "Does It Pay to be Good? A Meta-Analysis and Redirection of Research on the Relationship between Corporate Social and Financial Performance," *Working Paper*, Harvard Business School.

Margolis, Joshua D., Hillary Anger Elfenbein & James P. Walsh (2009) "Does It Pay to be Good...And Does It Matter? A Meta-Analysis of the Relationship between Corporate Social and Financial Performance," SSRN (Social Science Research Network), March 1 2009. http://ssrn.com/abstract=1866371

Margolis, Joshua D. & James P. Walsh (2003) "Misery Loves Companies: Rethinking Social Initiatives by Business," *Administrative Science Quarterly*, 48, pp. 268–305.

Matten, Dirk & Jeremy Moon (2008) ""Implicit" and "Explicit" CSR: A Conceptual Framework for a Comparative Understanding of Corporate Social Responsibility," *Academy of Management Review*, 33 (2), pp. 404–424.

Okamoto, Daisuke (2009) "Social Relationship of a Firm and the CSP-CFP Relationship in Japan: Using Artificial Neural Networks," *Journal of Business Ethics*, 87 (1), pp. 117–132.

Porter, M. E. & M. R. Kramer (2002) "The Competitive Advantage of Corporate Philanthropy," *Harvard Business Review*, Dec., pp. 57–68. (邦訳「競争優位のフィランソロピー」『DIAMOND ハーバード・ビジネス・レビュー』二八(三)、二〇〇三年、二四～四三ページ。)

Porter, M. E. & M. R. Kramer (2006) "Strategy and Society: The Link between Competitive Advantage and Corporate Social Responsibility," *Harvard Business Review*, Dec., pp. 78–92. (邦訳「競争優位のCSR戦略」『DIAMOND ハーバード・ビジネス・レビュー』三三(一)、二〇〇八年、三六～五二ページ。)

Porter, M. E. & M. R. Kramer (2011) "Creating Shared Value: How to reinvest capitalism -and unleash a wave of innovation and growth," *Harvard Business Review*, Jan-Feb., pp. 62–77. (邦訳「共通価値の戦略」『DIAMOND ハーバード・ビジネス・レビュー』三六(六)、二〇一一年、八～三一ページ。)

Porter, M. E. & C. van der Linde (1995) "Green and Competitive: Ending the Stalemate," *Harvard*

Business Review, Sep-Oct., pp. 120-134.（邦訳「環境主義がつくる二一世紀の競争優位」『DIAMONDハーバード・ビジネス』二一（五）、一九九六年、一〇一～一一一ページ。）
Thorne, Linda, Lois S. Mahoney, Kristen Gregory & Susan Convery (2017) "A Comparison of Canadian and U.S. CSR Strategic Alliances, CSR Reporting, and CSR Performance: Insights into Implicit-Explicit CSR," *Journal of Business Ethics*, 143 (1), pp. 85-98.

赤池学・水上武彦『ＣＳＶ経営』ＮＴＴ出版、二〇一三年。

有馬敏則「「近江商人」についての一考察―朝日新聞・滋賀大学パートナーズシンポジウムとの関連において―」『彦根論叢（成瀬龍夫博士退職記念論文集）』三八二、二〇一〇年、一三九～一五六ページ。

市村清『統合報告導入ハンドブック』第一法規、二〇一三年。

伊藤レポート「持続的成長への競争力とインセンティブ―企業と投資家の望ましい関係構築―」プロジェクト『最終報告書』経済産業政策局企業会計室、二〇一四年。

井上政共編述『近江商人』松桂堂、一八九〇年（明治二三年）。

岩田暁一『経済分析のための統計的方法』東洋経済新報社、一九六七年。

伊吹英子『ＣＳＲ経営戦略』東洋経済新報社、二〇〇五年。

宇佐美英機「近江商人研究と「三方よし」論」『滋賀大学経済学部附属資料館研究紀要』四八、二〇一五年、三一～四五ページ。

打波守『医・薬系のための統計入門』培風館、二〇〇四年。

エクレス＝クルス『ワンレポート』東洋経済新報社、二〇一二年。

ＮＰＯ法人三方よし研究所『Ｑ＆Ａでわかる近江商人』サンライズ出版、二〇一〇年。

大野正英「三方よしの言葉の由来と現代的意義」『三方よし』三六、二〇一一年、二～四ページ。

岡田正大「CSVは企業の競争優位につながるか」『DIAMOND ハーバード・ビジネス・レビュー』四〇（一）、二〇一五年、三八〜五三ページ。

岡本大輔「企業目的としての〝社会性〟」『組織科学』二八（一）、一九九四年、五九〜七三ページ。

岡本大輔「企業評価基準としての社会性」『経営教育』一四七、一九九六a年、三〜一八ページ。

岡本大輔『企業評価の視点と手法』中央経済社、一九九六b年。

岡本大輔「企業評価基準としての社会性：Revisited」『三田商学研究』四三（五）、二〇〇〇年、五五〜七四ページ。

岡本大輔『AIによる企業評価―人工知能を活かした知識モデルの試み―』中央経済社、二〇〇四年。

岡本大輔「企業評価基準としての社会性：10年後の再々検討」『三田商学研究』四八（一）、二〇〇五年、八三〜九三ページ。

岡本大輔「企業の社会性とCSP-CFP関係―ニューラルネットワーク・モデルを用いて―」『三田商学研究』五〇（三）、二〇〇七年、八三〜一〇三ページ。

岡本大輔「CSP-CFP関係再考―トップ・企業全体のCSR取組み状況―」『三田商学研究』五六（六）、二〇一四年、六五〜七九ページ。

岡本大輔「企業経営における統合報告と統合報告書」『三田商学研究』五八（二）、二〇一五年、二一〜三一ページ。

岡本大輔・梅津光弘『企業評価＋企業倫理―CSRへのアプローチ―』慶義塾大学出版会、二〇〇六年。

岡本大輔・古川靖洋・佐藤和・馬場杉夫『深化する日本の経営―社会・トップ・戦略・組織―Revisiting Japanese Management』千倉書房、二〇一二年。

小倉榮一郎『近江商人の経営』サンブライト出版、一九八八年。

小倉榮一郎『近江商人の理念』サンライズ出版、二〇〇三年。

影山摩子弥『なぜ障がい者を雇う中小企業は業績を上げ続けるのか?』中央法規出版、二〇一三年。

加護野忠男『経営はだれのものか』日本経済新聞出版社、二〇一四年。

川村雅彦『CSR経営　パーフェクトガイド』Nanaブックス、二〇一五年。

木山実「近江商人の「三方よし」」『Reference Review』六〇(五)、二〇一五年。

経済同友会編『「市場の進化」と社会的責任経営―企業の信頼構築と持続的な価値創造に向けて―第15回企業白書』経済同友会、二〇〇三年。

ゲマワット『コークの味は国ごとに違うべきか』文藝春秋、二〇〇九年。

佐久間信夫・田中信弘編『現代CSR経営要論』創成社、二〇一一年。

笹谷秀光「「伊藤園」の〝トリプルS〟戦略」田中・水尾【二〇一五年】第一〇章、二〇一五年。

渋沢栄一『論語と算盤』守屋淳訳、ちくま書房、二〇一〇年。

嶋口充輝「企業の社会的責任とそのかかわり方」『組織科学』二六(一)、一九九二年、四四~五五ページ。

島田晴雄編『開花するフィランソロピー』TBSブリタニカ、一九九三年。

清水龍瑩『大変革期における経営者の洞察力と意思決定Ⅰ・Ⅱ・Ⅲ』千倉書房、一九九二年。

シュヴァルツ『知られざる競争優位―ネスレはなぜCSVに挑戦するのか』ダイヤモンド社、二〇一六年。

末永國紀「宗岸の遺言状「書置」こそ「三方よし」の原典である」『三方よし』九、一九九八年、四~一一ページ。

末永國紀「近江商人中村治兵衛宗岸の「書置」と「家訓」について―「三方よし」の原典考証」『同志

社商学』五〇（五・六）、一九九九年、一二五～五六ページ。

末永國紀『近江商人　三方よし経営に学ぶ』ミネルヴァ書房、二〇一一年。

末永國紀「日本の近江生まれの世界的経営遺産―近江商人の三方よし―」『三方よし』四一、二〇一六年、一二ページ。

十川廣國『戦略経営のすすめ』中央経済社、二〇〇〇年。

十川廣國『CSRの本質―企業と市場・社会―』中央経済社、二〇〇五年。

十川廣國・今口忠政・青木幹喜・岡本大輔・神戸和雄・遠藤健哉・馬場杉夫・李甲斗・黒川文子・韓中和・清水馨「「環境不測時代の経営」に関するアンケート調査」『三田商学研究』三八（三）、一九九五年、一〇三～一二四ページ。

田中宏司・水尾順一編『三方よしに学ぶ人に好かれる会社』サンライズ出版、二〇一五年。

田中信弘「発信型「三方よし」のためのCSR報告」田中・水尾【二〇一五年】第八章、二〇一五年。

谷本寛治『責任ある競争力』NTT出版、二〇一三年。

谷本寛治『日本企業のCSR経営』千倉書房、二〇一四年。

塚本一郎・関正雄編『社会貢献によるビジネス・イノベーション―CSRを超えて―』丸善出版、二〇一二年。

電通総研編『企業の社会貢献』日本経済新聞社、一九九一年。

名和高司『CSV経営戦略』東洋経済新報社、二〇一五年。

パウリ『アップサイジングの時代が来る』朝日新聞社、二〇〇〇年。

福原義春『多元価値経営の時代』東洋経済新報社、一九九二年。

藤井剛『CSV時代のイノベーション戦略』ファーストプレス、二〇一四年。

ブランド価値評価研究会『ブランド価値評価研究会報告書』経済産業省、二〇〇二年。

松原恭司郎『「統合報告」の読み方・作り方』中央経済社、二〇一四年。

水尾順一「三方よしは、人に好かれる会社の原点」田中・水尾【二〇一五年】序章、二〇一五年。

矢口義教『震災と企業の社会性・CSR―東日本大震災における企業活動とCSR―』創成社、二〇一四年。

ナ行

ハ行

マ行

ヤ行

主要索引

英字

ア行

カ行

サ行

タ行

［著者紹介］

岡本大輔（おかもと・だいすけ）

慶應義塾大学商学部教授、博士（商学）

1958年生まれ、慶應義塾大学商学部卒業、同大学院商学研究科博士課程単位取得退学。慶應義塾大学商学部助手、助教授を経て、1996年より現職。

文部科学省・厚生労働省就職問題懇談会委員、財務省第3入札等監視委員会委員、公認会計士試験経営学試験委員、中外製薬CSRアドバイザリーコミッティ委員、企業と社会フォーラム学会理事、慶應義塾大学就職部長などを歴任。

専門は計量経営学・企業評価論。主著に『深化する日本の経営』（共著、千倉書房、2012年）、『企業評価＋企業倫理』（共著、慶應義塾大学出版会、2006年）、『AIによる企業評価』（中央経済社、2004年）、『企業評価の視点と手法』（中央経済社、1996年）など。

社会的責任とCSRは違う！

二〇一八年八月二日　初版第一刷発行

著者　岡本大輔

発行者　千倉成示

発行所　株式会社 千倉書房
〒一〇四－〇〇三一
東京都中央区京橋二－四－一二
〇三－三二七三－三九三一（代表）
https://www.chikura.co.jp/

印刷・製本　三美印刷株式会社

ISBN　978-4-8051-1136-9　C0034